持続可能な資本主義

「いい会社」に投資し日本一をとった
鎌倉投信がみつけた信頼と共感で
成り立つ経済のしくみ

新井和宏

Discover

はじめに　世界中で資本主義が「息切れ」している

近年、資本主義の限界を指摘する本が数多く出版されています。直接的な契機は、２００８年のリーマン・ショックでしょう。投機的なマネーゲームの末に巨大なバブルが崩壊し、以来、世界経済は長期低迷といわれる状態に陥っています。

それまで長期低迷といえば日本の専売特許でしたが、いまや先進国がこぞって「日本化」しています。すなわち、デフレと低成長です。

政府や中央銀行が金融政策や財政政策を講じても、なかなか効果が表れない。経済成長率も低迷している。格差や貧困の拡大が止まらない。世界経済が頼みの綱としていた新興国まで、ブレーキがかかってしまった。こうした経済情勢を見ると、たしかに資本主義が息切れしているように見えます。

なぜいま、息切れが起こっているのか。それは、リーマン・ショックが示した「利益の追求だけを目的とした効率至上主義の限界」がいまだに解決されていないからだと、私は考えています。

効率よくお金を稼ぐことを追求した金融は、高度な数式に基づく「金融工学」を生み出しました。金融工学は、サブプライムローンというリスクの高い債権を、徹底的に切り刻み、混ぜ合わせ、原型がわからない「のっぺらぼう」な商品に仕立て上げることに成功します。そのリスクに人々が気づいたのは、リーマン・ショックの後でした。マネーゲームの果てに、「誰が、誰に、何のために」お金を投じるのかという金融の根本の部分は、いつのまにか見失われていたのです。こ効率だけを追求すると、お金の出し手と受け手が分断され、バブルを引き起こしてしまう。この根本的な問題は、リーマン・ショックの後も解決されていません。つまり、効率至上主義を見直さない限り、また同じような「事故」が起こってしまいかねないのです。

もともとお金は、人々の生活を便利にするためのものでした。しかし、**いつしかお金は、生活の中に根付いていた「関係性」から切り離され、ひとり歩きをはじめてしまった。**私たちは、もう一度、お金との付き合い方、ひいては資本主義のあり方を見直すべきタイミングにきているのかもしれません。

いささか大上段からの物言いになってしまいました。最初にお断りしておくと、本書は、世界経済や資本主義を理論的に分析するような本ではありません。その手の本はたくさんあるし、その道のプロもたくさんいます。

ただ、社会にはマクロな経済指標からだけでは見えてこない「時代の変化」というものがあります。その変化の中に、いままでの資本主義とは異なる「芽」がすでに生まれつつある。本書ではその「芽」を紹介しながら、人間、社会、環境をスポイルしない企業や経済のあり方をみなさんと一緒に考えていきたいと思います。

「いい会社」に投資する金融が、日本一をとる時代

自己紹介が遅れました。私の仕事は「投資（運用）」です。仲間とともに立ち上げた鎌倉投信という小さな資産運用会社[1]で、「結い 2101」という投資信託を運用しています。

「投資」や「運用」というと、あまりいいイメージをお持ちでない方も多いかもしれません。金融の世界で働く者こそがいまの資本主義をつくりあげてきたのではないのか、と私自身何度も言われてきましたし、そのご指摘は

[1] 正確には、投資信託委託会社といいます

ごもっともだと思います。

ただ、鎌倉投信は金融の世界では少し変わった存在です。鎌倉投信が投資判断をするのは「いい会社」のみ。「いい会社」とは「**これからの社会に必要とされる会社**」、「**経済性と社会性を両立している会社**」を指します。利益さえ出ればいいと割り切るのではなく、社員、取引先、地域、ひいては社会全体にどう貢献できるかをいつも考えている。そんな「いい会社」に、短期ではなく長期で投資しようというのが、鎌倉投信の運用の基本方針です。

くわしくは後ほど述べますが、リーマン・ショックの直前まで、私は外資系運用会社という資本主義の最前線で働いていました。指先ひとつで何百億円というお金を次々に動かす日々。お金を預けている一人ひとりの生活に思いを馳せる暇など、ほとんどありませんでした。

その後、私は体調を崩し会社を去ることになります。そして、仲間とともに鎌倉投信を立ち上げることになったとき、ひとつの決意を固めました。「**金融に顔の見える関係を取り戻そう**」と。

かつての銀行は、1軒1軒企業を訪問し、話し合い、信頼できる相手に融資していた。その金融本来の形を取り戻すため、私はこれまで年の半分以上を企業行脚《あんぎゃ》にあて、経営者や社員の方との対話に費やしてきました。そして、これからの社会に必要だと信じられる「いい会社」を慎重に選び、長期投資を通じて応援してきました。

「短期・分断」の金融から「長期・信頼」の金融へ。鎌倉投信の投資スタイルは、効率追求型の資本主義に対して出した、自分たちなりの答えです。

「そんなきれいごとでうまくいくはずがない」。そう思われる方もいるでしょう。

ところが真実は逆です。いまや経済性と社会性を両立する「いい会社」への長期投資は、ひとつの選択肢として定着しつつあります。

その何よりの証拠が、鎌倉投信です。「いい会社」だけに投資している「結い ２１０１」の純資産総額は、２０１６年12月末時点で２４８億円超。運用を始めた２０１０年３月末は約３億円でしたから、６年間で80倍以上の増加です。

さらに２０１４年の「Ｒ＆Ｉファンド大賞２０１３」では、鎌倉投信が運用する「結い ２１０１」が、運用実績で投資信託・国内株式部門１位[2]となりました。

つまり「いい会社」だけに投資する投資信託が、日本一になってしまったのです。それは、とりもなおさず「いい会社」が、この時代に必要とされていることを意味しています[3]。

「いい会社＝これからの社会に必要とされる会社」が、なぜ成長

［2］「リターンの大きさ」ではなく、あくまで「リスク1単位あたりのリターンの大きさ（シャープ・レシオ）」においての実績です

［3］「いい会社」への投資が無条件によい結果を生むわけではありません。あくまでプロによる運用の結果、成果が生まれたという点については、誤解が生まれないよう強調しておきたいと思います

しているのか？

　その直接的な理由は「社会性を追求すると、お客さまからの信頼が生まれるから」です。最近は、企業が提供する商品やサービスだけではなく、その姿勢や信念まで知りたいと思うお客さまが増えています。その結果、「いい会社」にたくさんのファンが生まれ、応援される時代になってきているのです。

　もうひとつ、間接的な理由があります。それは「いい会社」がみな大切に育てている**「見えざる資産」**です（図1）。

　ふつう投資の世界では、現金、不動産、特許など資産として数値化可能な「見える資産」によって企業を評価します。でも、鎌倉投信は違います。鎌倉投信が重視するのは、経営者の資質、社風や企業文化、社員がいきいきと働けているかどうか、社内・社外に信頼関係は築かれているかなど、どこまでいっても数値化できない「見えざる資産」とでも呼ぶべきものです。

「いい会社」は、社員、顧客、取引先、地域社会などあらゆる関係者（本書では、企業にかかわる主体を「ステークホルダー」と呼ぶことにします）から共感を集め、数値化できない「見えざる資産」を蓄えていきます。

　企業の理念に共感しているから、社員が辞めない。顧客が企業のファンになっているから、値

見える資産	見えざる資産
現金	社風
預金	企業文化
不動産	社員力
工場	社員のモチベーション
特許	経営者の資質
	社内外に築かれた信頼
	理念に対する共感

図1　見える資産と見えざる資産の例

下げ競争に巻き込まれない。そうして長期的には「見えざる資産」は、数値化可能な「見える資産」を生み出します。だから、「いい会社」は長期で成長していくのです。

こうして鎌倉投信の運用方針を説明すると、「でも、結局『いい会社』のうち、儲かりそうなところにだけ投資しているのでは？」と言われることもあります。もちろん、慈善事業ではないので儲けを無視するわけではありません。しかし、鎌倉投信は儲けの大きさ「だけ」で投資先を決めているわけでもありません。その証拠に、私たちは、利益率の低い産業にも積極的に投資をしています。

たとえば、投資先のトビムシは、林業に携わる企業です。もし「儲かりそうか」だけを基準に考えるなら、「林業」という時点で、投資を控えるのが正解でしょう。林業の平均的な利益率は極めて低い。ITのように、原価も低く、ひとつのサービスが当たると数十パーセントもの利益率を叩き出す業界と比べると、どうしても見劣りしてしまいます。それでも、鎌倉投信はまだ赤字だった時点から投資をはじめました。**利益率は低くても、社会に必要な企業は存在する**からです。

また、鎌倉投信は非上場の小さな「いい会社」にも投資しています。現在60社の投資先のうち、6社は非上場のベンチャー企業です[4]。株式が非上場ですから、その企業が発行する社債を買う形で投資をしています。

一般的に、社会的課題の解決を目指すベンチャー企業が軌道に乗るまでには、お金も時間もかかります。ところがあわてて資本市場からお金を調達しようとすると、投資家から短期の成果を求められてしまう。その結果、もともとの志とは違うことに手を出し、社会性を犠牲にしてしまうベンチャー企業も少なくありません。

鎌倉投信は、ベンチャー企業に経済性と社会性のどちらも切り捨てずに事業を実現してほしいと思っています。そこで、すでに上場している「いい会社」と組み合わせてリスクを下げ、投資信託としての利益と、「いいベンチャー企業」への応援を両立させているのです。

それでも、運用実績で日本一になれた。受益者（投資家）[5]のみなさまの応援により口座数も純資産総額も、順調に増加している。「いい会社」が、資本主義の主役を担う時代はそこまで来ているのです。

「無理な拡大はしない」世界を驚かせたトヨタの宣言

もちろん、「いい会社」はまだマジョリティにはなっていません。社会性なんて知ったこっちゃないと従業員を酷使し、ひたすら利益を追求する会社もまだまだ少なくないでしょう（ただし、こうした会社は貴重な「見えざる資産」を日々目減りさせています）。

でも、風向きは少しずつ変わってきています。

その象徴的な例が、日本を代表する企業であるトヨタの変化です。

[4] 2017年1月現在。
[5] 投資信託のお客さまのことを一般に受益者と呼びます

2014年、トヨタは自動車メーカーとして年間生産台数が世界で初めて1000万台を超え、絶頂期といっていい状況にありました。

その決算説明会のあいさつのなかで、豊田章男社長は、驚くべきことを語っています。

〈「持続的成長」とは、どのような局面でも、1年1年着実に「年輪」を刻んでいくことです。トヨタは創業以来、買収による拡大ではなく、1台1台の積み重ねでこれまで成長してきました。そして、今、世界販売1000万台という大きな変化点を迎えています。前例もお手本もない、誰も経験したことがない未知の世界で成長し続けるためには、人材育成と同じスピードで年輪を重ねていく、**身の丈を超えた無理な拡大は絶対にしない**という「覚悟」が必要だと思っております。〉（強調筆者）

トヨタは、日本はもちろん世界的にも大きな影響力を持つ企業です。そのトヨタの社長が、絶頂期のさなかに「無理な拡大」をしないと言い切っている。短期の成果を求められるいまの資本主義のなかで「人材育成と同じスピード」で、「年輪」のように少しずつ成長すると宣言している。これはトヨタが持続可能性を重視する資本主義へと舵を切った証拠です。

トヨタの打ち出した新しい資本主義は、新型株式の形にも表れています。トヨタが2015年

7月に発行した新型株式は、購入後5年間は売却できませんが、その後は発行価格で買い戻しを請求できるという、世界に類を見ない株式です。

5年間売り買いのできない株式など、従来の資本主義からすれば非常識の極みでしょう。実際、海外の大手機関投資家は、いくら発行価格で買い戻しを請求できるとはいえ、5年間も売ることができない株式が買われるはずがないと思っていた。

ところがフタを開けてみたら、申込者が殺到し、予定発行株式数の約5倍の申込みがありました。

どうしてトヨタはこのような株式を発行したのでしょうか。それは、短期で投機的に売り買いする投資家ではなく、長期的に資金を出してくれる投資家を求めているからです。

長期間にわたって株式を持ち続けてくれる投資家は、トヨタの理念に共感してくれる「仲間」である確率が高い。そして、そういった投資家が日本には大勢いることが明らかになったのです。

グローバル企業として厳しい競争のなかで戦うトヨタですら、「いい会社」になるべく変わろうとしている。まだ無名の小さな企業の中にも、長期的視野で社会を支えようとする「いい会社」がたくさんある。そして、彼らの姿勢に共感し、応援する投資家や消費者がいる。

新しい資本主義の「芽」は、たしかにここ日本から生まれています。それが、「いい会社」を長年訪ね続けてきた私がたどり着いた結論です。

効率至上主義のその先へ

急にそう言われても、簡単には信じられないかもしれません。「失われた20年」という言葉に象徴されるように、バブル崩壊以降、日本経済に明るいニュースは多くありません。

しかし、時代を少し遡《さかのぼ》ると、かつてはいわゆる「日本的経営」が世界中から褒め称えられた時代がありました。『ジャパン・アズ・ナンバーワン』(阪急コミュニケーションズ、2004年)という書籍がベストセラーとなり、世界中が「日本に学べ」と、その経営手法を研究しました。

ところが、90年代後半以降、その喝采の声は一気に止んでしまいます。時代の流れは反転し、急速なグローバル化が進行するなかで、日本企業の成功の原因だと考えられていた「日本的経営」は、あっという間に姿を消しました。そして、いつしかグローバル・スタンダードに倣《なら》うことが日本企業の一大目標になっていきます。

私はグローバル・スタンダードのすべてが悪いとは思いません。そのなかには、情報の透明化、人財の多様性の重視など、日本企業に足りなかった部分を補う要素も含まれていました。

しかし日本企業は、グローバル・スタンダードに「過剰適応」してしまった。その結果、日本企業の美点であった社内外での信頼関係や企業文化などの「見えざる資産」までも、簡単に打ち捨ててしまいました。

翻って、鎌倉投信が考える「いい会社」は、みな日本的経営の最良の部分を発展的に継承しているように感じます。いまの時代にあった、「新日本的経営」とでも呼ぶべきものです。

長期的な視野に立ち、時間をかけて人財を育成する。会社を私物化せず「社会の公器」と考える。取引先など、社外の人をも大切にする。この他にも、かつての日本的経営には、効率だけを追求する資本主義の枠に収まらない、時代を先取る特徴がたくさんありました。

私は旧来型の日本的経営をそのまま取り戻そう、と言いたいわけではありません。時代の変化を無視して昔を懐かしんでも、本質的な問題解決にはならないからです。

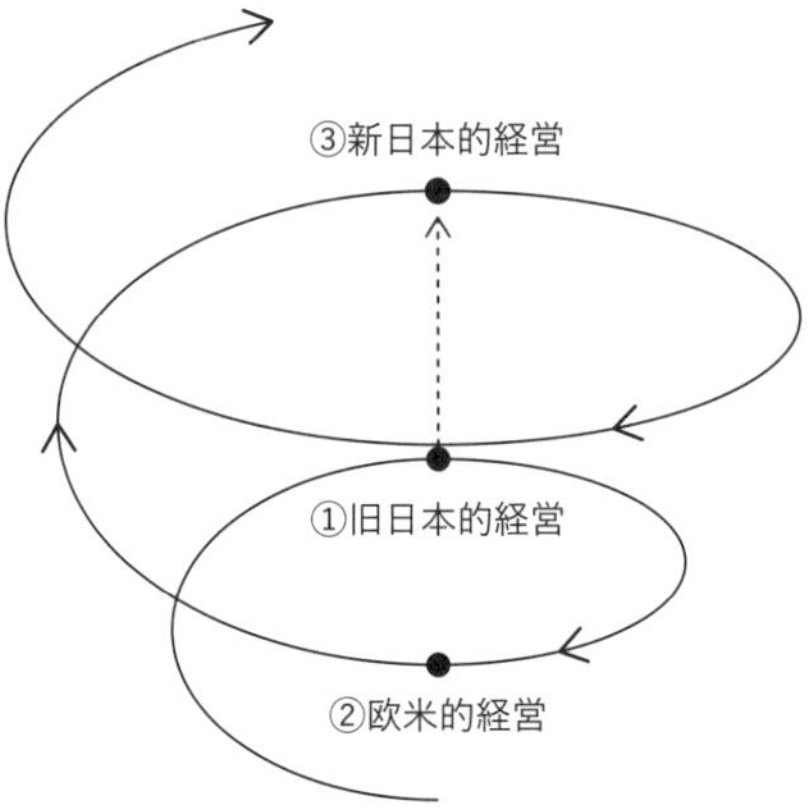

欧米的経営から、時代に合わせて
一段発展した新日本的経営へ

図2　資本主義のスパイラルアップ

でも、だからといっていまの資本主義をそのままにしておくこともできません。**社員と社会を犠牲にしてまで利益を追求することが正解となるシステムに対して声を上げなければ、いずれは人々の生活が壊れてしまう。**

私たちは来るべき次の資本主義を、持続可能な経済の仕組みを、考えなければならないのです（図2）。

そしてそのヒントは、時代に合わせて日本的経営を進化させた「いい会社」が、すでに示しています。その萌芽を言葉にしてみんなで共有し、国内に、そして世界に対して発信できれば、その分だけ資本主義は「カイゼン」されるのではないでしょうか。

本書では資本主義というマクロなシステムについて考えるだけではなく、「いい会社」が実践しているミクロな試みについても紹介していきます。資本主義のあり方を考えるには、地道なアプローチに見えるかもしれません。でも、「いい会社」から刺激を受けて、新しい「いい会社」がふえていく。彼らを応援する声が、少しずつ広がっていく。その小さな連鎖反応なくして、資本主義がカイゼンされることはありません。

否定からは何も生まれないし、他人任せでは世の中はよくならない。

この本がきっかけになって「いい会社」がひとつでもふたつでもふえること。それが本書の目指すところです。

第1章 人と社会を犠牲にする資本主義に永続性はない

第2章　効率至上主義の代案としての「新日本的経営」

第1章

人と社会を犠牲にする資本主義に永続性はない

資本主義は「わかっちゃいるけど、やめられない」

「はじめに」でも述べたように、2008年のリーマン・ショック以降、多くの人が「資本主義は、このままだとまずいのではないか」と考えるようになりました。いわゆる「金融資本主義」の旗振り役だったアメリカですら、そう思う人が増えてきています。

でも一方で、私たちは「このままではまずいかもしれない」と思いながら、資本主義をあたかも空気のように受け入れ、日々の暮らしを営んでいるのも事実です。

資本主義は、私たちの生活と切り離されて存在しているわけではありません。仕事をして給料をもらう。そのお金で、モノやサービスを買う。お金を貯めたり、投資したりする。こうした経済活動のプラットフォームになっているのは、資本主義というシステムです。

ですから、資本主義に違和感を覚えても、いきなり物々交換だけの生活に戻るのは難しい。そもそも自分ひとりがライフスタイルを変えたところで、世界全体を覆っている資本主義という巨大なシステムが変わるとも思えない。いわば、「わかっちゃいるけど、やめられない」というのが、資本主義のなかで生きる多くの人の実感かもしれません。

しかし、漠然と「このままではまずい」と不安に思っているだけでは、「何がまずいのか」という原因や問題点はわからないままです。原因や問題点がわからなければ、どう改善すればいいかというアイデアも浮かんできません。

経済学の専門家や研究者のなかには、理論的な見地から、資本主義の限界を指摘する方もおられます。そこには学ぶべき点も多々あるでしょう。

ただ、どうもそういった資本主義の欠陥を分析する議論は、極論に振れやすいように思うのです。たとえば「資本主義を続ければ破滅する。だから根本的に資本主義と異なるシステムに変更しなければならない」という具合に、イチかゼロかの議論に傾いてしまう。

しかしそう言われても、私たちは何らかの仕事をして、今日もお金を稼いで暮らしていかなければなりません。もしもあなたが経営者なら、いきなり「資本主義をやめなさい」と言われても困ってしまうのではないでしょうか。

私自身も、格差や貧困を拡大し国民を分断するような資本主義は明らかにおかしいと思います。

ただ、だからといって「資本主義は捨て去るべき」とは考えません。

資本主義にまずい点があるなら、それをできるだけ明らかにして、具体的に改善するほうが建設的だからです。

そこでこの章では、外資系運用会社で働いていた私自身の経験や、鎌倉投信の試みを紹介しながら、現在の資本主義が抱えている根本的な欠点と、それを改善するために必要な条件について考えてみたいと思います。

「リターン＝お金」という呪縛

私は、1992年に住友信託銀行（現三井住友信託銀行）に入社して以来、およそ四半世紀にわたって、資本主義の心臓部ともいえる金融の現場で働き続けてきました。2000年からは「バークレイズ・グローバル・インベスターズ」（以下BGI、現ブラックロック・ジャパン）という外資系運用会社に転職し、アメリカ流の金融資本主義を身をもって体験しました。

私が約8年間在籍したBGIも含め、一般的な運用会社と鎌倉投信では、投資に対する考え方も運用の仕方も180度異なります。その違いは追い追い明らかにしていきますが、この章では「リターン」、つまり何を投資の「果実」と考えるかに焦点を当てて説明してみましょう。というのは「リターン」に注目することで、現在の資本主義の問題点と、それを改善するヒントが得られるように思うからです。

では、「リターン」に関して、ふつうの運用会社と鎌倉投信は何が違うのか。一言でいえば「リターン」の定義が違うのです。

BGIだけでなく、およそあらゆる金融機関にとって「リターン＝お金」です。ほとんどの投資家にとっても同じでしょう。投資家が投資をするのは、手元のお金をさらに増やしたいからです。

企業活動でいえば、リターンは利益になるでしょうし、国でいえばGDPです。つまるところ、リターンとは「いくら稼げたか」を意味します。

「リターン＝お金」と定義すれば、当然のことながら、増えたら増えただけいいに決まっています。1万円を投資して、1000円のリターンがあるより、2000円のリターンがあるほうがいい。企業でいえば、利益率が高いほうがいい。

つまり、**「リターン＝お金」のもとでは、「効率よく稼げるかどうか」が最大のモノサシになるのです。**

しかし、効率よく稼ぐことをモノサシにすると、困ったことが起きてしまいます。というのも、効率の良さも、稼ぎの大きさも、無限に追求できてしまう。だから「もっと早く、もっと多く稼ぎたい」という人間の欲が尽きない限り、どこまでいっても満足することができません。その結果、本来は幸せを手に入れる手段であった「お金を増やすこと」が、いつしか自己目的化していってしまうのです。

最終的に、お金を増やすことを至上命令にした投資家は、「そのお金がどこに投資されているか」はどうでもよく、もっぱら「どれだけたくさん稼げるか」のみに関心を向けるようになります。そして運用会社も、投資家の欲望に応えるために、効率よく稼げる金融商品を作り出していくのです。

その典型的な例が、リーマン・ショックの発端となったサブプライムローンが組み込まれた証券でした。

リーマン・ショックは必然だった

サブプライムローンとは、低所得者層（サブプライム層）向けの住宅ローンのことです。低所得者向けのローンは、ふつうに考えれば貸し倒れのリスクがありますから、そのまま証券化しても、投資家にとって魅力は高くありません。いくらリターンがよくても、リスクが高すぎると、なかなか手は出しづらい。

そこで運用会社は、高度な金融工学を使って、サブプライムローンの債権を原型がわからないほどに細かく切り刻み、さらに別の債権と混ぜ合わせて、格付け[6]が高くなるような証券をつくり上げました。

本書の冒頭でも指摘したとおり、こうした証券はもはや誰が誰に対して資金を融通しているのかわからない「のっぺらぼう」な商品です。

それでも投資家は「リターン＝お金」を求めて、「のっぺらぼう」な証券に巨額の投資をしていきました。しかし、元々は非常

[6]　金融の世界には格付け会社という企業の財務や金融商品などの信用状態を評価する会社が存在し、多くの投資家にとっての指標となっています

にリスクの高いローンの債権が埋め込まれているのですから、マーケットの空気が変われば、証券はたちまち紙くずになってしまうかもしれません。それが現実となったのが、2008年のリーマン・ショックでした。

「高度な金融工学を使っているのに、なぜリーマン・ショックのようなことが起きるのか」と疑問に思う人もいるでしょう。でも、実際はその逆です。**高度な金融工学があったからこそ、リーマン・ショックは起こってしまった**のです。

リーマン・ショックの根本的な原因は、「分断」にありました。リスクの高い債権は、極限まで細かく切り刻み、うまく組み合わせれば、見せかけ上（リスクに対しての）リターンを高く見せることが可能です。そして、切り刻まれた債権をつなぎ合わせた証券は、もはや誰にお金を渡すためのものかが見えなくなるところまで行き着いてしまった。

お金を出すほうは、どう使われようと儲かればいい、と思う。お金を受け取るほうも、出し手の顔が見えませんから、受け取れるだけもらってしまえということになる。

どれだけ高度な数式が入っていようとも、お金の出し手と受け手が分断されてしまえば、それは投機によってひたすら金融を膨張させていくだけのバブルしか生み出しません。

顔の見えない相手に何兆円も投資していた外資系運用会社時代

ＢＧＩで運用をしていた私も、世間からみれば分断とバブルを生み出していた一人でした。私は、ＢＧＩの「投資は科学である」という投資哲学に惚れ込んで転職しました。ＢＧＩでは、投資判断のすべてを数学的モデルで判断し、運用者はそのモデルを開発・改良する役割に徹することが求められます。科学である以上、決定のすべての根拠は数字です。それは、人間の感情に左右されない、とても合理的な手法のように思えました。

ＢＧＩ時代の私が主に担当していたのは、企業年金の運用でした。だから、私が科学的な投資を追求したのは、「お客さまの年金をお守りするため」にほかなりません。

しかし、あの頃の私は、年金を管理する組織の担当部署の方とは何度も顔を合わせていましたが、その先にいる年金加入者の方々一人ひとりと語らったことはありませんでした。

お預かりした資産を守り、増やす。その想いは変わらないものの、お金を循環する役目を担いながら、年金を受け取る個々の方とは分断されていたのです。また、投資する企業の方とも、お会いする機会はありませんでした。

それでも運用成績は順調で、ＢＧＩ自体も、全世界で２００兆円（２００７年当時）の資産を運用し、日本国内でも運用総額で１位になるなど抜群の実績を残しました。

しかし、「リターン＝お金」と考えるかぎりゴールはありません。「もう十分稼いだからこのあたりにしておこう」とは、誰も言ってくれない。結果として、無限にお金を膨張させることが目的化していきました。

そして、ある時期よりＢＧＩの株主から無言のプレッシャーがかかるようになり、「成長」の名の下に、お客さまの腰が引けるようなリスクの高い商品の販売が求められるようになります。一言でいえば、目標数字ありきの販売になっていったのです。

目標はどんどん膨れ上がり、私自身にも相当な負荷がかかっていました。ちょっとしたミスで、お客さまの資産が数百億円単位でひっくり返るからです。

ただ、結果が出ていると常識的な感覚は麻痺してしまうものです。お客さまも満足してくださるし、成功した気分にもなれる。たくさんの報酬をいただいていたし、私自身もそのときは豊かな暮らしを手に入れたと思い込んでいました。

しかし、体は正直です。

２００７年の夏、私は休暇のためにオーストラリアに向かう飛行機のなかで、倒れてしまったのです。帰国後、いくつかの病院を回って、掌蹠膿疱症《しょうせきのうほうしょう》という難病を患っていることがわかりました。

仕事にはやりがいを感じていましたが、リーマン・ショックよりも前に、私の体はお金を無限に膨張させようとする「ゴールのないマラソン」に耐えきれなくなっていたようです。

価値観を根底から覆す「いい会社」との出会い

結局、会社を辞めることを決めた私は、部下への引き継ぎ作業に入りました。

そんな折、私よりも一足早くＢＧＩを辞めていた鎌田恭幸から、「一緒に運用会社をやろう」と誘われたのです。

金融で体を壊したのですから、当初は金融に戻るつもりはありませんでした。
ところが1冊の本と出会うことで、気持ちが変わってしまった。それが坂本光司先生の著書『日本でいちばん大切にしたい会社』（あさ出版、2008年）です。

その本で紹介されていたのは、社員の7割が障がい者という日本理化学工業や、社員を大切にする経営で48年間増収増益を続けた伊那食品工業といった「いい会社」の数々でした。読み進めていくうちに、私がそれまでに抱いていた「リターン＝お金」といった常識は、根底から覆されました。

「こうした会社を応援することが、金融や投資の本来の役割じゃないのか」

この想いを形にするべく、仲間と議論を重ねていきました。

その真っ只中に起こったのが、リーマン・ショックです。

「リターン＝資産の形成×社会の形成×心の形成」への書き換え

リーマン・ショックの結果、金融業界の信用は地に落ちました。高いプロ意識とプライドを持って働いていた人も、一転して疑いの目を向けられました。ＢＧＩで私が8年かけて積み上げてきたものも一瞬でふき飛びました。

いったい、何が間違っていたのか。そう考えたとき、資本主義の本質的な問題である「分断の構造」に思い至りました。

リーマン・ショックでお金の出し手と受け手が分断されてしまっていたのは、効率を無限に高めようとしたからです。ではなぜ、金融は無限に効率を追求しないといけなかったのでしょうか？　それは、いまの資本主義においては「リターン＝お金」と定義されているからです。お金をリターンと考える限り、ゴールは無限となり、どこまでも効率的に稼ぐ方法を探さなければならなくなってしまう。

この根本的な問題を解消しない限り、あるべき金融を実現することはできない。そう考えた結果、２００８年11月に生まれた鎌倉投信は、金融の世界ではありえないリターンの定義を提示するに至ったのです。

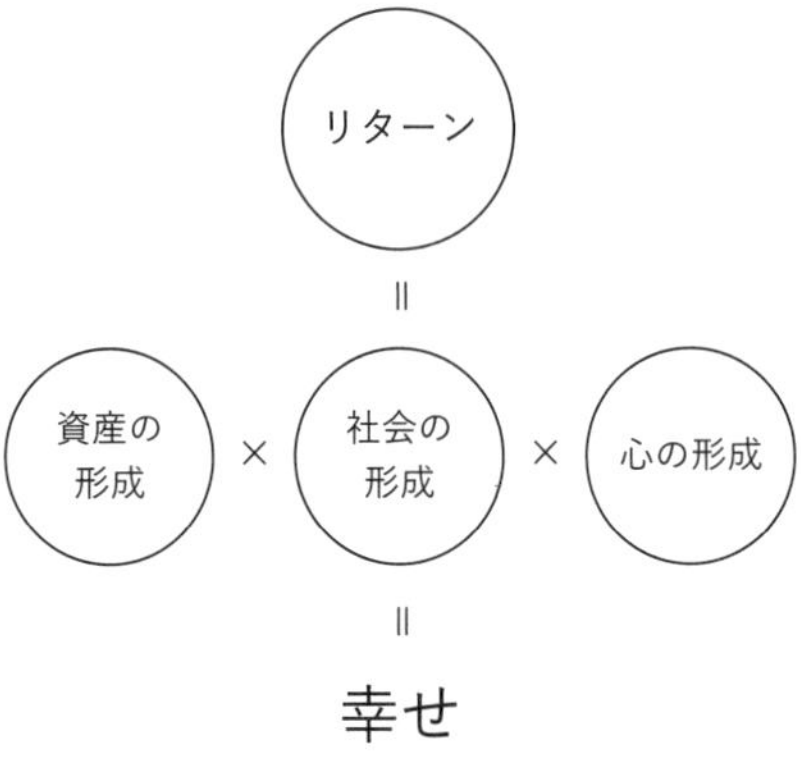

図3　鎌倉投信が掲げる新しいリターンの定義

リターン＝資産の形成×社会の形成×心の形成＝幸せ（図3）

受益者が「資産」を増やし、同時に自分が投資したお金が「社会」を豊かにしたと実感できれば、結果として「心」も豊かになる。そしてその3つがかけ算されたとき、「幸せ」というリターンがもたらされる。そう考えることにしたのです。

私たちの新しいリターンの定義は、「結い　２１０１」という投資信託の商品に具現化されています。

「結い　２１０１」は、運用当初から全産業の平均的な成長率である「期待リターン年率５％」を目標とし、目標が達成された場合には５％から信託報酬の１％[7]を引いた４％が、受益者の方々に還元されます。別の言い方をすれば、「結い ２１０１」は、過度にリターンを求めないお客さまに買っていただいているのです。

でも、お客さまが得るリターンは「お金」だけではありません。「結い ２１０１」が投資するのは、これからの社会に必要とされる「いい会社」です（投資先はすべてホームページで公開し、それらの会社を「いい会社」だと考える理由も、さまざまな方法で受益者の方にお伝えしています）。

自分が投じたお金が、「いい会社」を通じて社会の役に立っている。そして「いい会社」が成長し、社会が豊かになれば、受益者の心も豊かになる。これが「社会の形成」「心の形成」の意味するところです。

これらすべてをかけ合わせ、「幸せ」というリターンを還元したい。「結い ２１０１」は、そんな想いを込めてつくりあげた金融商品なのです。

［7］１％＋消費税。２０１７年１月現在は１・０８％です

資本主義の鉄則「フローの最大化」は本当に正しいのか？

リターンに「社会の形成」を取り入れるという鎌倉投信の定義は、じつはいまの資本主義に対するアンチテーゼとなっています。現在の経済システムの中で「資産の形成」と「社会の形成」を両立することは、きわめて難しいからです。

その理由をご説明する前に、次ページの図をご覧ください（図4）。そう、企業の決算書で使う、「貸借対照表（BS）」と「損益計算書（PL）」です。決算書というと身構えてしまうかもしれませんが、考え方自体は難しくありません。

「貸借対照表」は、企業が持っている資産と負債を示したものです。単純化すると、ある企業が持っている現金や預金、建物、機械などが資産であり、借金が負債にあたります。

それに対して「損益計算書」は、一定期間の企業の経営成績を示すものです。たとえば1年間の売上や利益は、この「損益計算書」を見るとわかるようになっています。

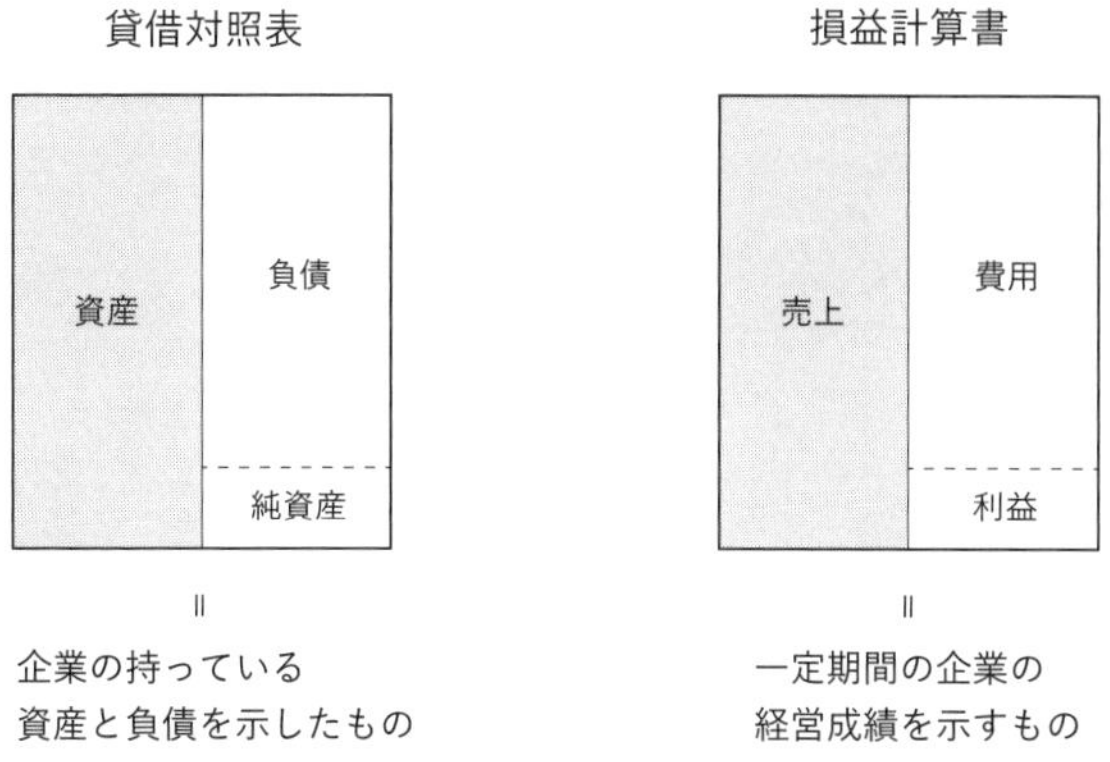

図４　貸借対照表（BS）と損益計算書（PL）

「貸借対照表」と「損益計算書」の関係は、言ってみればストックとフローに相当します。

たとえば２０１６年３月末時点の貸借対照表（ストック）に、２０１６年度の損益計算書の成果（フロー）を反映させると、２０１７年３月末時点の貸借対照表（ストック）になるわけです（図５）。

ここで重要なことは、現在の資本主義のもとでは、もっぱらフローの成績表である損益計算書が重視されるということです。

最近、盛んに「ＲＯＥ経営が大事だ」といわれています。

ＲＯＥとは、自己資本つまり株主が企業に投資している資本に対して、どれだけ効

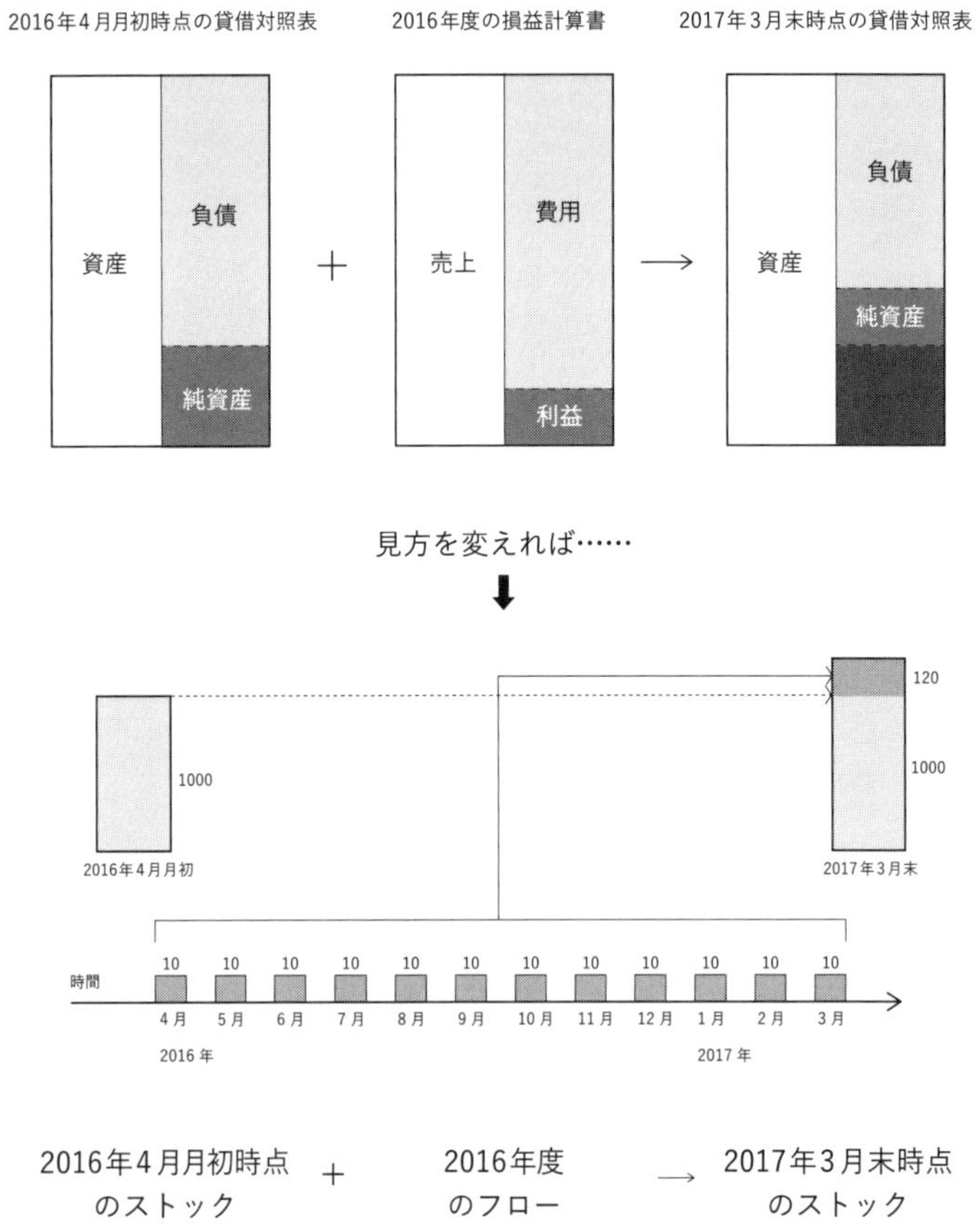

図5　ストックとフローの関係

率よく利益を出せたかを示す指標です。

簡単にいえば、「リターン＝お金」の効率性を示す指標だと思って頂いてかまいません。ですからＲＯＥ経営とは、株主に対する「リターン＝お金」の最大化を目標にした経営ということであり、そのためには当然、毎期ごとに利益を出すことが求められるわけです。ＲＯＥもまた、フローに基づいた指標です。

さらに、国の経済規模を測るＧＤＰ（国内総生産）も、国内で、一定期間に生み出された付加価値の合計額のことですから、同じくフローということになる[8]。

このように**現在の資本主義では、企業も国も「一定期間の利益」であるフローを効率よく増やすことが最大の目的になってしまっています。**

[8]　ＧＤＰをフローといえるかどうかについてですが、国際連合が１９９３年に勧告した国民経済計算の体系では、稀な大災害による資産の滅失はフローには反映させず、ストック統計の調整勘定として処理することになっています。日本もこの方式に従っているため、ＧＤＰは一般的にフローを指すものと考えています

「社会を壊すほど儲かる」というジレンマ

しかしフローの増加だけを目的にすると、最終的には社会基盤の破壊行為をもたらしてしまう。一番わかりやすいのは**「計画的陳腐化」**[9]です。要は、短期間しかもたないものを計画的に生産し始める。寿命の短い製品を生産するほうが、買い替えによる需要が見込めるため生産者のメリットは大きくなるわけです。

壊れることを見越して儲ける、というフロー重視の利益を追求すると、究極的には戦争ビジネスに行き着いてしまいます。もちろん、すべての戦争が経済成長のために行われたなどというつもりはありません。しかし、歴史をみれば、戦争が短期的に経済を活性化させた例は少なくないこともまた事実です。

戦争で潤うのは武器をつくる企業だけではありません。武器によって破壊された生活は、またつくりなおさなければならない。**破壊して再生すれば、ストックはプラスマイナスゼロです。しかし、フローの数字だけを見れば、再生された分だけ生産高が増加しているように見えます。**

フローの追求がストックの破壊をもたらすということを、戦争以外の例でも考えてみましょう。「はじめに」で、各産業にはそれぞれ平均的な利益率があり、なかでも林業はあまり高くないことをご紹介しました。しかし、それでも高い利回りを出す方法がひとつ存在します。将来のことは考えず、どんどん木を切り出せばいいのです。

結果としてはげ山は増えてしまうかもしれませんが、フローはその分増加しやすくなります。「ストック」を切り崩し「フロー」に付け替えれば、短期の利回りは上がるのです。

別の言い方をすれば、**「フローの増加を追求すること」は社会全体の短期的最適化、「ストックの増加を追求すること」は長期的最適化**とも言えます。

いまの資本主義は、とにかくフロー、つまり早く大きく儲けることをがむしゃらに追い求めます（四半期単位での細かい決算はその象徴です）。もしフローだけを基準にして考えれば、それが正解でしょう。しかし、それでは長期的最適化からはどんどんかけはなれていってしまいます。

私たちはいまの資本主義に、「時間軸」というモノサシを加えなければならないのです。

そもそも、すべての人が自社の短期利益だけを求めたら、社会が成り立つはずがありません。

［9］　計画的陳腐化とは、企業がある製品について意図的に製品のサイクルが短くなるように設計し、買い替え需要を生み出していくことを指します

大学で教えていたとき、学生向けにこんな話をしました。

短期間で利益を出したいのなら、少額の投資で一発当たるゲームやアプリを作ってしまえばいい。ひとつ大ヒットが出れば原価をほとんどかけずに膨大な利益を生み出せるため、株価も一気に上がるでしょう。

この発想のもとでは、世の中のすべての企業はIT企業だけになってしまいます。コンピューター1台で稼げるほうが、明らかに投資効率がいいからです。

では、それ以外の企業は、社会に不必要なのか。当然そんなことはありません。さまざまな業種の企業が、それぞれの役割を担って、ひとつの社会をつくっている。それを、フローの増加を目的に投資効率だけで判断してしまえば、社会は壊れます。**ROEというフローの基準だけですべてを測ろうとすると、どこかで歪《ゆが》みが生じてしまう**のです。

ROEという基準だけで企業を測るのは、偏差値だけを基準にして人に優劣をつけるようなものです。偏差値の高い人に価値があり、低い人には価値がないのでしょうか。そんなわけがありません。さまざまな個性を持った人がいることで、社会は成り立っているはずです。しかし私たちはいま資本主義の社会のなかで、同じことをしてしまっている。あまりにも表面的で、無理のある仕組みではないでしょうか。

企業がフローを高めることを目的化してしまうと、結局成長するために破壊する、つまりフローを高める（＝資本を形成する）ためにストックを削る（＝社会を毀損《きそん》する）という本末転倒の事態をもたらしてしまいます。

だから、私たちは**「フロー重視の資本主義」から「ストック重視の資本主義」への移行**を実現させなければいけないのです。フローでの評価をやめないかぎり、「資産の形成」と「社会の形成」を両立させることはできないのですから。

大げさにいえば、**鎌倉投信は「リターン＝お金」というの定義を書き換えることで、現在のフロー重視の資本主義にかわる、新しいシステムをつくろうとしている**のです。

「社会にいいことをしている会社」に大企業しか選ばれないわけ

このように説明すると、次のような疑問を感じる方がいるかもしれません。

「お金のリターンは数値として表せるけれど、社会や心のリターンは数値として示せないのではないか」

もっともな疑問です。じつは私たちも、鎌倉投信を立ち上げる際に、「社会に役立つ」ことを定量化できないかと議論を重ねてきました。

先例もいくつかあります。

たとえば2000年代半ばから「SRI（Socially Responsible Investment：社会的責任投資）」というものが認知され、SRIファンドが作られるようになりました。

SRIファンドとは、環境への配慮や法令遵守など、社会的責任を積極的に果たそうとしている企業の株式に投資する投資信託商品のことです。

でも私自身は、BGIに勤めているときから、SRIファンドについては懐疑的でした。

SRIファンドに組み込まれるためには、その企業が社会的責任を果たしていると第三者機関から評価される必要があります。その評価基準を満たすために、企業は点数が高くなるような書類や報告書を作成して提出する。でも、そんな報告書をつくることができるのは、専門の部署を設けられる大企業だけです。こうなると、いい点数を取るために「お化粧」できる大企業だけが評価されるという、本末転倒の事態が生まれるわけです。

ＳＲＩが示しているのは、**崇高な理念の評価を数値に委ねてしまうことの難しさ**です。社会的には意義のある企業でも、書類や報告書がなければ、評価の俎上《そじょう》に載ることすらできない。

こうした先例があるだけに、評価や指標を作って企業の社会性を評価することの難しさや危うさは、肌感覚でわかっていました。それでも、既存のものとは異なる客観的な指標を作れないかと、私たちはしばらく試行錯誤を繰り返します。しかし検討すればするほど、「いい会社」には、数値で表すことのできない要素がたくさんあることを知ったのです。

「いい会社」は数値化できない

「いい会社」を定量化しようとすることの危うさを自覚したのは、リッツ・カールトン・ホテルの元日本支社長、高野登さんとお話しさせていただいたときです。

当時私たちは、「いい会社」を定義する難しさをひしひしと感じていました。そこで、ホスピタリティという目に見えないものを経営の核にする高野さんに教えを乞うたのです。

「どうしたらホスピタリティを定量化できるのでしょうか」。そう尋ねる私に高野さんはぴしゃりと「ホスピタリティを定義してはダメだよ」とおっしゃいました。「ホスピタリティを標準化するとただのサービスになってしまう。ホスピタリティは、一期一会なんだ」と。

お客さまと出会い、そのときどきの状況で、目の前の人のために何かしようと思うから感動が生まれる。つまりホスピタリティはあくまで、そのとき、その場所で、「1対1」の関係において生まれるものであって、「標準化」した途端に当たり前の「サービス」になる。

企業も同じです。百社百様、それぞれに個性があります。もし**指標をつくって画一化しようとすれば、企業は指標を満たそうとするあまり個性を失い、社会から多様性が失われてしまう。**

「いい会社」のすべてを定量化することはできない、いや、むしろすべきではない。高野さんのお話を聞いて、私たちはそう思い直しました。

大切なのは数字ではなく主観的信頼

鎌倉投信は、投資に対するリターンを「資産の形成×社会の形成×心の形成」と定義しました。にもかかわらず、「社会の形成」や「心の形成」というリターンは客観的に測ることはできない。悩んだ末、私たちは定量化とは逆の考え方にたどりつきました。客観的な評価ができないのなら、主観的な信頼にすべてを委ねようと考えたのです。お金の出し手と受け手の間から失われてしまった信頼を取り戻すことこそ、既存の金融から離れ再出発した鎌倉投信の役割だったはずじゃないか。私たちは、原点に立ち返りました。

そう考えると、やるべきことはシンプルです。**定量化できないからこそ、現場に出向き、この目で見る。経営者や社員の方と、顔を突き合わせて話をする。資料に並んだ数字ではなく、「数字に置き換えられないもの」を感じ取る。**そうして「顔の見える金融」、分断を生み出す従来の資本主義とは正反対の「つながる金融」を実現できれば、信頼は自ずと生まれます。だから私は、どれだけ時間がかかっても、今日も全国各地の「いい会社」を訪ね歩くことをやめないのです。

現場でお話をするときも、私はほとんど数字の話はしません。ときどき、あまりにも私が別の話ばかりするものですから「新井さん、数字の話はいいのでしょうか」と先方から聞かれることもあるほどです。

でも、私が見たいのは数字ではありません。その企業が本当に社会に必要な「いい会社」なのか。言葉に嘘のない、信頼のおける企業なのかどうか。そういったＩＲ資料にも、ホームページにも載っていない**「生」の情報こそが、信頼の土台となる**のです。

投資家と投資先を会わせるという異例の試み

信頼づくりの第一歩は、顔の見える関係をつくり、つながることにある。そう考えた私たちは、投資先と私たちだけではなく、受益者と投資先の企業が出会う「場」をつくろうと考えました。

一般的な運用会社は、投資家からお預かりしたお金を投資しますが、投資先をすべて明らかにすることはありません（企業名を公開すると、他の運用者に真似されてしまうからです）。ましてや、投資する人とされる人が会うことなど、一般的な契約型の投資信託ではまずありえません。でも鎌倉投信が運用する「結い　２１０１」は、ホームページなどで投資先すべてを公開しています（図６）。さらに年に１回、受益者への運用報告会となる「受益者総会®」を開催してお

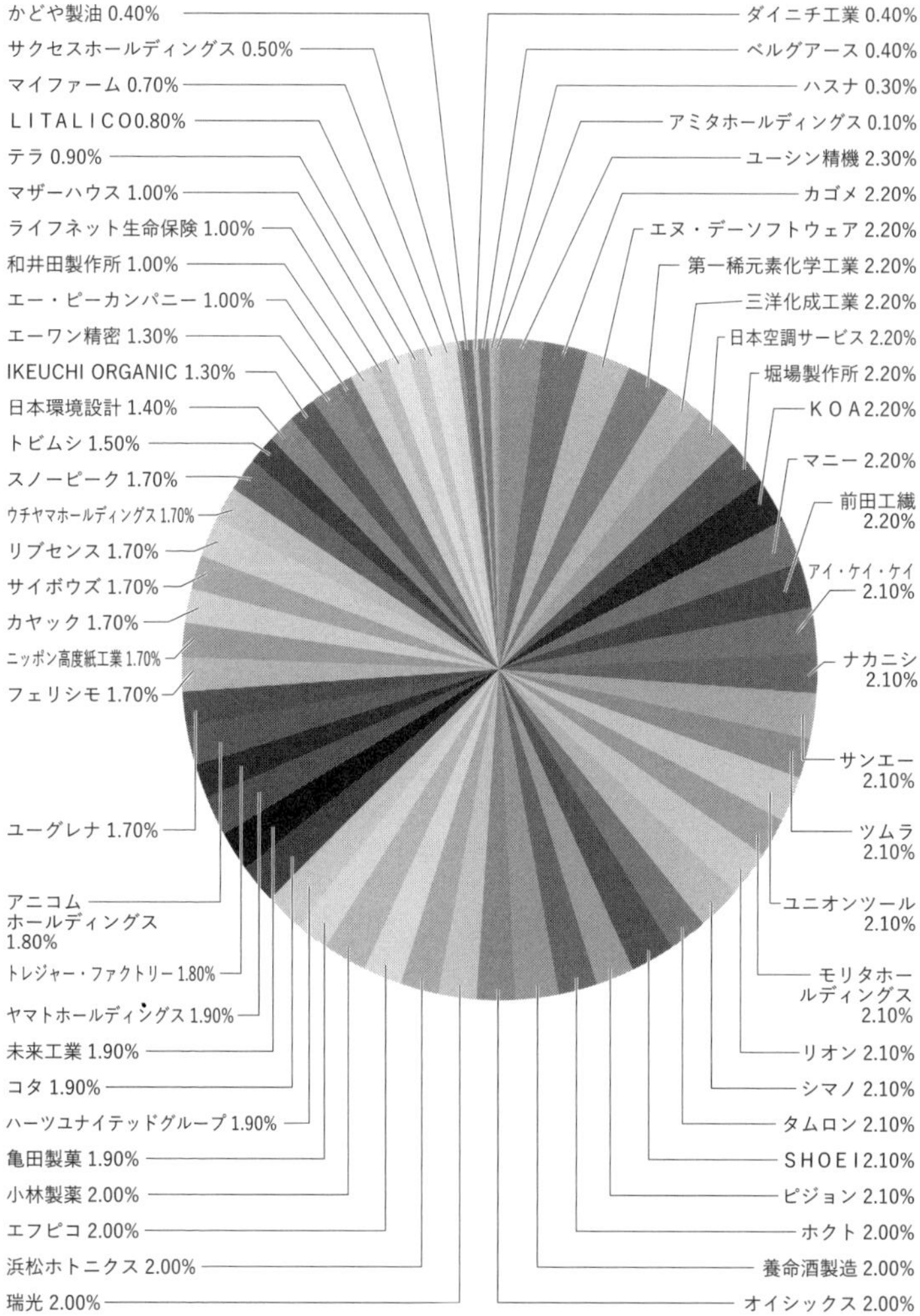

出所：鎌倉投信作成

図６　「結い 2101」の投資先一覧（2016年12月末現在）

り、投資先の企業と直接つながるための「場」も用意しているのです。

2016年に横浜で開催した総会では、全国各地から約1000名もの受益者が集いました。そして初めての試みであるウェブ配信も実施し、遠方の方にも総会の様子をご覧いただけるようにしました。

総会では、投資先企業に企業展示をお願いし、受益者と直接交流する時間を設けています。2016年の総会では、『日本でいちばん大切にしたい会社』の著者、坂本光司先生の講演に加え、「結い 2101」の投資先であるカヤック、サイボウズ、マザーハウス、ユーグレナの若手経営者4人によるパネルディスカッションを実施するなど、毎回プログラムには趣向を凝らしています。

総会以外では、受益者の方々と一緒に「いい会社訪問®」も定期的に実施しています。「いい会社」の現場を直に見学することで、その企業に対する理解や信頼が一層高まり、共感が生まれるからです。

投資先を「知らない」と不信感が生まれますが、「知っている」と信頼が生まれます。

「結い 2101」が投資している企業の姿が見えないと、

「ベンチャーに投資して大丈夫なのか?」

年に一回開かれる受益者総会®。企業展示、パネルディスカッションなどを充実させている

受益者の方と、投資先である株式会社トビムシへの「いい会社訪問®」（岡山県西粟倉村）

「なぜこの企業に投資しているのか？」といった疑いが生まれやすくなります。疑いは不信を呼び込み、不信は分断をもたらします。投資家と投資先が信頼によってつながるためには、同じ場を共有し相互に「知り合う」ことが不可欠なのです。

鎌倉投信が「直販」にこだわり続ける理由

ところが、ふつうの投資信託では、「受益者総会®」や「いい会社訪問®」をやりたくてもなかなか実施できません。通常、投資信託は銀行や証券会社などを介して販売されるため、そもそも運用会社と受益者とが、顔の見えない関係になってしまうからです。

だから私たちは、「結い　２１０１」の直接販売にこだわりました。

銀行や証券会社の窓口を経由せず、運用会社が直接お客さまに販売する「直販」であれば、工夫次第で、受益者と投資先の企業をさまざまにつなぐことができます。

「顔の見える付き合い」をして、受益者が投資先を知り、信頼してくださっている「結い　２１

０１」は、簡単に解約されません[10]。自分のお金が「いい会社」を支えていることが具体的にわかると、人は自然とその企業を応援したくなるからです。

たとえば、「結い ２１０１」は、上場企業だけに投資しているわけではありません。非上場のベンチャー企業が発行する10年ほどの長期社債にも投資しています。

一般的な投資信託では、流動性が低く、すぐに現金化できない長期社債に投資することはリスクでしかありません。それができるのは、「鎌倉投信が応援している企業だから」と、投資家の方たちが信頼してくださっているからです。

上場企業に対する投資も同じことです。鎌倉投信のお客さまは、相場の上下にかかわらず、長期的に応援し続けてくれます。相場が下がっても、手放すどころか、むしろ「自分たちが支えなければ」とお金を入れ続けてくれる。そうすると、株価が安いときに買い入れることができますから、「結い ２１０１」は、どんどん強くなるのです。

私たちが投資している企業には、利益が出ている企業もあれば、まだ利益が出ていない企業もあります。でも、そのすべてが「これからの社会に必要とされる会社」です。林業の再生、障がい者

[10]　一般社団法人投資信託協会の出したデータでは、２０１０年～２０１６年の期間で解約された額（解約額）÷新たに販売された額（設定額）が、株式投信全体では79％、鎌倉投信では24％とかなり低くなっています

雇用、ニート・フリーター問題、循環型社会の実現など、それぞれが事業を通じて社会的課題を解決しようとしています。こういった社会的課題に挑戦する企業は、一時的には「儲かりづらい」領域に踏み込まねばなりません。しかし「利益が出ていないから」という理由で支援しなければ、社会は崩れてしまいます。

もちろんビジネスを続けていくには、儲かる枠組みが必須です。ですから、ビジネスモデルの見えない企業に私たちは投資しません。でも利益が出るまでの間は、忍耐強く投資家が支えなければならないのもたしかです。

そのためには、「なぜこの企業に投資をするのか」をきちんと伝えられる「直販」という仕組みが必要でした。「結い 2101」であれば、赤字の企業も支えることができる。**赤字が続いても、「なぜ投資するのか」を直接受益者に説明できれば、信頼は崩れない**からです。

信頼するから、予測しない

このように、「資産の形成×社会の形成×心の形成」をリターンとする金融は、投資先・鎌倉投信・投資家のお客さまが信頼と共感をベースに結びついてこそ実現できるものです。

投資先への信頼は、鎌倉投信の運用方法にもはっきりと反映されています。

一般のファンドマネージャーは、なんらかの指標や理論を使って、予測を立てて運用をします。ですが私は、予測することをやめました。株価の変動は、人間の心理も含めて、あまりにも多くの不確実な要素が関係します。それをすべて計算することなどできませんし、予測が当たるなら、誰もがそのファンドマネージャーの投資信託を買っているはずです。

おそらく、世のファンドマネージャーたちも、予測は当たらないと薄々はわかっているのかもしれません。しかし予測以外に運用する方法がないので、予測に頼らざるをえない[11]のです。

予測をしない鎌倉投信の運用は、「信頼」がベースとなっています。

では信頼をベースにした運用とは、どのようなものか。

[11]　投資には、個別の銘柄の相対的株価上昇を予測するアクティブ運用とインデックスファンドのようにベンチマークのすべての銘柄に投資し、個別銘柄の予測が不要なパッシブ運用があります。個別銘柄に投資をするアクティブ運用でありながら予測をしない点に、鎌倉投信の方針の特異さがあります

大きくふたつあります。

ひとつは、相場の上下を利用する方法です。簡単に言うと、市場が下がったときに買って、上がったときに売る。これを毎日こまめにやれば、少しずつですが利益は出ます。

私は朝、9時から10時までの約1時間、パソコンの前に座ります。そして、「結い 2101」が保有する企業の株価をチェックします。実際に売買のための計算をする時間は、相場が安定する9時15分くらいから30分程度です。

1日の利益は、数十万から多くても数百万円。リスクを下げている分、リターンも高くはありませんが、毎日コツコツと積み重ねて利益を生んでいます。地味な仕事ですが、これも投資先を信頼するからこそ、取れる手法なのです。

一般に株価は、大きく下がると投げ売りされます。買う人も減るため、下がりはじめるとしばらくは止まりません。

でも鎌倉投信は、相場が下がり続けているときでも、投資先の株を買います。投資先を信頼しているからです。

たとえば東日本大震災のとき、日本株は軒並み値を下げました。安くなっているわけですから、一般的には「買い」ともいえます。でも、中途半端に自分が買ったところで、その後さらに値が下がって、最悪の場合、企業がなくなるかもしれません。それでも「買おう」と思えるのは、その投資先を信頼しているからです。

信頼を支えにすれば、「いい会社だから、株価が下がっているほうが買い時じゃないか」と思えるようになります。

もうひとつは、投資先企業に委ねる、という方法です。

「いい会社」は、社会に必要とされる限り長期的には利益を出す可能性が高い。もちろん、すべての投資先が同時に利益は出さないし、市場の環境によっては、短期的に株価を下げることもあるでしょう。でも、長い目で見れば必ず成長すると信頼し続けるのです。

「いい会社」は、決して貸借対照表に表れない「見えざる資産」を豊富に備えています。経営者がどんな企業文化をつくっているのか、社員はいきいきと働けているのか、私たちは、この目で見て確かめています（「いい会社」の持つ「見えざる資産」がどのようなものかは、第３章でじっくりお伝えします）。**顔の見える関係から生まれた「信頼」は、数字から生まれただけの「期待」と違い、簡単には揺らぎません。**

ここに挙げたふたつの方法は、どちらも運用の常識からすればありえないものでしょう。予測しないということは、金融のプロにとっては自身のプロフェッショナリズムを否定することにもなりかねないからです。しかし、このありえない方法で「結い ２１０１」は、「Ｒ＆Ｉファンド大賞２０１３」の１位になってしまった。創業当初、多くの同業者から「そんなやり方でうまくいくはずがない」と言われ続けた鎌倉投信の運用方針が実現可能であることを、証明できた瞬間でした。

「リターン＝資産の形成×社会の形成×心の形成」という定義の書き換えは、資本主義社会において決して夢物語ではないのです。

鎌倉投信は投資先を信じます。

その信頼のベースにあるのは、定量化可能な株価や業績ではありません。直接会い、つながってこそわかる「見えざる資産」に対する信頼です。

私は「はじめに」で、『いい会社』はみな日本的経営の最良の部分を、時代の流れに合わせ発展的に継承している」とお伝えしました。そう、「いい会社」の持つ「見えざる資産」はもともと多くの日本企業に備わっていたものなのです。

その起源はかつての日本的経営、さらにさかのぼれば近江商人の「三方よし」という言葉にあります。

次章では、日本的経営の歴史を振り返り、なぜ他ならぬ日本企業が新しい資本主義の希望になりうるのかを考えていきましょう。

第2章

効率至上主義の代案としての「新日本的経営」

お金をリターンとすると「三方よし」は成立しない

売り手よし、買い手よし、世間よし――。みなさんもご存じ、近江商人の商人道を象徴する「三方よし」のスローガンです。

商いは、売り手にとっても、買い手にとってもプラスにならなければならない。さらに自分の商品は、世の中全体にも役立つものでなければならない。これが「三方よし」の意味するところです。

「三方よし」を成り立たせるためには、売り手、買い手、世間の三者が信頼で結ばれていることが不可欠です。別の言い方をすれば、「リターン＝お金」という価値観のもとでは、「三方よし」は成立しません。

買い手が金銭上の損得だけを考えれば、安い商品ほどいい商品ということになってしまう。そうすると、売り手もそれに合わせ、環境や働く人に負荷をかけてまで安さを追求していきます。

それでは、世の中全体に役立つはずがありません。

お客さまは、「この企業はいつも顧客にも社会にもいい商品をつくっている」と信頼するから、価格だけを基準にせず、信頼する企業の商品を購入するようになる。売り手も「いい商品を販売すれば、お客さまはきっと買ってくれる」と買い手を信頼するからこそ、過度な値下げに走ることなく商いを続けることができる。

戦後の日本的経営には、この信頼にもとづいた「三方よし」の理念が、脈々と受け継がれていました。

松下幸之助の次の言葉がそれをよく表しています。

「企業は社会の公器である。したがって、企業は社会とともに発展していくのでなければならない。企業自体として、絶えずその業容を伸展させていくことが大切なのはいうまでもないが、それは、ひとりその企業だけが栄えるというのでなく、その活動によって、社会もまた栄えていくということでなくてはならない。（中略）やはり、すべての関係先との共存共栄を考えていくことが大切であり、それが企業自体を長きにわたって発展させる唯一の道であるといってもいい」

（松下幸之助『実践経営哲学』）

取引先や社会から信頼を得なければ、企業は長期的に発展することはできない。ここには「三方よし」の理念が余すことなく語られています。

実際、日本的経営と呼ばれるさまざまな制度や慣習を見ると、終身雇用制や企業間の系列化など、その多くが長期的取引を特徴としていることがわかります。

もちろん、長期的取引を前提とするがゆえの癒着《ゆちゃく》や終身雇用制の弊害など、日本的経営に対する批判があることは、重々承知しています。それでも、そのポジティブな点を引き出せば、信頼にもとづいた「三方よし」の精神と重なる点は多いのです。

「数字にできないもの」を見て融資していた昔の銀行

日本の金融も、かつては銀行が中心となって、信頼にもとづく取引が行われていました。

ひとつ、具体例をご紹介しましょう。お好み焼チェーンを展開している「千房」の中井政嗣社長から、こんな話を聞いたことがあります。

中井社長は中学卒業後、5年間、乾物屋で丁稚奉公として働き、それから義兄のレストランでコックの修業をすることになりました。そして22歳で、お好み焼屋の店主になるのですが、開店時、「家主が希望するときはいつでもすぐに店を返す」ことを条件として求められたのだそうです。

なんとかお店が軌道に乗り始めた矢先、中井社長は店を返すことを求められてしまいます。このままでは、妻と子ども二人と一緒に路頭に迷ってしまう。「なんとかしなければ」と思った中井社長は、当時つきあいのあった信用組合の理事長に相談し、無担保で3000万円の融資を受けることができました。その融資を元手に独立して、千房を開業したのです。

いったいなぜ、中井社長は無担保にもかかわらず3000万円の融資を受けることができたのでしょうか。じつはこの話には、次のような裏話があったのです。

融資の相談をする前のこと。あるとき、理事長が店にやってきました。そこで奥さんは、中井社長が丁稚奉公時代からマメに記録していた金銭出納帳を、理事長に見せたそうです。理事長は、その金銭出納帳を見て「この人なら信用できる」と、無担保での融資を決めたといいます。

1軒1軒企業を訪問して、信頼関係を築き、融資する。これがかつての日本の銀行の姿でした。日本を支える大企業も、地元の金融機関や顔の見える範囲の人からの相互信頼にもとづいたお金を借りて創業したはずです。

銀行と企業がともに育て合い、それが社会全体の豊かさとなって還元されていく。銀行もまた「三方よし」を担う大事な存在として社会に埋め込まれていたのです。

貸し剥がしで失われた、お金より大切なもの

ところが80年代のバブル、そしてバブル崩壊を経て、日本の企業も金融も「信頼」を打ち棄ててしまいました。「失われた20年」とよく言いますが、それは「信頼の失われた20年」だったのかもしれません。

なぜ90年代になって、日本経済から「信頼」が失われてしまったのでしょうか。

銀行の場合は、明確な理由があります。それは「ＢＩＳ規制」の影響です。

ＢＩＳ規制というのは、１９８８年に国際的な銀行監督機関であるバーゼル委員会によって発表された、銀行の自己資本比率[12]に関する国際基準のことです。

このＢＩＳ規制によって、銀行は国際的な業務をするためには自己資本比率が８％以上、国内業務だけでも４％以上なければいけない、つまり経営の安定化のため手元に十分なキャッシュを蓄えておかなければならなくなりました。

こうした国際的な基準を導入するには、融資ひとつをとっても、客観的な評価が必要になります。具体的には、不動産のような物的担保が評価の対象となりました。一方、もっとも客観的でない評価こそが、「信頼」です。千房の社長は信用組合の理事長から「こいつなら大丈夫だ」と判断され、融資を受けられました。しかし、国際的基準においては、そんな融資は単なる不良（もしくは回収不能リスクが高い）債権にすぎません。

金融業界はリスクを軽減するために「ＢＩＳ規制」の基準を取り入れたのかもしれませんが、結果として生まれたのは銀行の「目利き」能力の低下でした。つまり、**社会的価値や人間的価値などの「見えざる資産」を評価する力を失い、客観的に評価できる担保に極度に依存する体質をつくってしまった。**

日本でこのＢＩＳ規制が導入されたのは１９９３年でした。１９９３年というと、バブル崩壊の真っ只中です。いわば日本経済がいちばん苦しんでいる時期に、銀行はＢＩＳ規制を導入しました。その結果、貸し剥がしが横行します。それまで信頼関係で融

［12］　自己資本比率とは、総資本に占める自己資本、つまり将来返却する必要のない企業固有の資産の割合のことです。この割合が高いほど経営が安定しているとみなされます

資を受けていた中小企業や町工場が突然融資を打ち切られてしまう事態が日本中で起こり、信頼という「見えざる資産」は、どんどん減少していきました。

ただし、ＢＩＳ規制を一方的に否定するのもフェアではないでしょう。不動産バブルで生まれてしまったリゾートマンションのような投機物件を軒並み清算していったことは評価されるべきです。しかし、その犠牲は大きかった。地道に経営してきた企業までも一緒くたに貸し剥がしの憂き目にあい、信頼に基づく経済が破壊されてしまったことは、日本にとって大きな損失でした。

日本企業はグローバリゼーションへ「過剰適応」してしまった

90年代というのは、アメリカ主導のグローバリゼーションが一気に加速していく時代でした。ＢＩＳ規制のみならず、金融の自由化[13]が進んで、外資系企業がどんどん参入するようになりました。

同時に、バブル崩壊によって自信喪失に陥った日本企業は、それまでの日本的経営に背を向け、グローバリゼーションを牽引《けんいん》するアメリカ流の経営理論を、無反省に受け入れていきます。

終身雇用制は崩壊し、リストラや非正規雇用によって人件費を圧縮することで利益を出す。「競争」の名の下に、長期的な取引よりもその都度の価格で下請け先を決める。企業経営においても、株主へのリターン最大化が至上命令となり、四半期決算のような形で短期的な成果ばかりが求められるようになりました。

これらを見るとわかるように、アメリカ主導のグローバリゼーションとは、結局「リターン＝お金」という定義にもとづいています。

前章で私は、「リターン＝お金」と定義すると、効率がすべてに優先し社会の分断をもたらすと説明しました。

90年代以降の日本で起きたことは、まさにそれです。

正社員と非正規社員、大企業と下請けの中小企業、銀行と企業――、日本経済のさまざまなレイヤーで分断が起こり、信頼にもとづく経済システムは解体されていってしまったのです。

日本の場合、そもそも企業文化が欧米、とりわけアメリカとは異なります。

アメリカのように転職が当たり前で労働力の流動性が高い国で

[13]　具体的には、金利規制の撤廃（金利の自由化）、銀行・証券会社・信託など業務枠の緩和、外資参入規制の緩和などを指します

は、「企業に必要な人材はその都度市場から調達すればいい」という発想になるのもうなずけます。一方日本は、自社のなかで新入社員を一人前に育てあげる文化を培ってきました。そこに突然、早期退職を促すようなリストラや非正規雇用を持ち込んでしまうのですから、企業が機能不全を起こすのも当然です。企業間の関係や、金融機関と銀行の関係も同様です。

つまり**日本は、前提とする企業文化がまったく違うため、そもそもグローバリゼーションに対する免疫が欧米に比べて弱かった。**その結果、他の先進国以上にグローバリゼーションに翻弄され、自分たちのアドバンテージを見失うことになってしまったのです。

アメリカ流のコーポレート・ガバナンスは正しいのか

にもかかわらず、いまなお多くの日本企業は、アメリカ流の経営理論の呪縛から抜けきれずにいます。

アメリカ流の経営理論では「企業は株主のものである」と考えられ、企業には、株主へのリターンを最大化することが求められます。したがって、アメリカ流の「コーポレート・ガバナンス」も、結局は株主を損させないための企業統治を意味するわけです。

その根底には、一種の性悪説があります。経営陣を信頼できないから、社外取締役を設置して、株主の利益が守られているかどうかをチェックせよ、という発想です。

社外取締役は、もともと所有と経営を明確に分けているアメリカ企業を前提とした制度です。しかし日本の場合、企業が「社会の公器」と呼ばれることにも表れているように、「企業は誰かに所有されるものではない」という価値観のほうが強い。その日本に、形式的に社外取締役を導入してもうまくいくはずがありません。

本当は、企業もそのことはよくわかっています。けれども、当局から指導されたくないために、とりあえず誰か入れておけばいいだろうと考え、安易に迎合してしまっている企業も少なくないのです。

私は、コーポレート・ガバナンスという考え方自体を否定しているわけではありません。本来のコーポレート・ガバナンスの目的は、「企業の私物化」を防ぐことにあります。ですから「企業は社会の公器である」という自覚を強く持つために実践するのが、日本に適した形でのコーポレート・ガバナンスであるはずです。

ならば、社外取締役という形式的な制度に拘泥するのではなく、「社会の公器」であるために必要なことをアドバイスしてくれるような人を迎え入れることがコーポレート・ガバナンスの本来でしょう。「監視」や「ルール」で縛るのではなく、「足りないものを補う」ことが、これからのコーポレート・ガバナンスには求められるべきです。

そういった本来の目的を見失って、形式だけのコーポレート・ガバナンスを実践したところで、得るものはほとんどありません。それどころか、株主利益だけに偏重したコーポレート・ガバナンスを盲信すると、必ず「実質」がおろそかになります。

その象徴的な事件が、東芝の不正会計事件です。

東芝は、アメリカ流のコーポレート・ガバナンスをいちはやく導入した「優等生」として考えられてきました。その東芝が不適切会計をしていたという事件は、形式だけのコーポレート・ガバナンスにまったく意味がないことを雄弁に物語っています。

ROE至上主義に日本は反論すべき

現在の政府は、経済産業省を旗振り役として、ROEの増大を目指すべきであると主張しています。

前章で説明したように、ROEとは、自己資本、つまり株主が企業に投資している資本に対して、「どれだけ効率よく利益を出せたか」を示す指標です。そして、ROEを単純に目的化することは、「三方よし」に照らしていえば、売り手を動かしている株主の利益だけを考えることになります。

したがって、「三方よし」とROE経営は、前提としている企業観がまったく違うのです。

政府がROE経営を盛んに喧伝《けんでん》するのは、アメリカに比べて日本のROEが低いからです。しかしアメリカは、極端に株主利益を重視した資本主義になっている。「三方よし」ではなく「株主よし」の経営を推進しているのですから、ROEが高くなるのは当然です。

それに対して、多くの日本企業は「株主よし」だけの経営に抵抗を覚えます。それは「三方よし」の理念が文化的に根付いているからでしょう。

ですから、理屈としては日本政府とはまったく逆に、「アメリカはもっと三方よしの企業観を持つべきだ」と主張することもできるし、私自身もそう考えています。ROE自体は意識すべきですが、アメリカほど株主偏重になる必要はどこにもありません。

ところが日本の政府も金融業界も、いまなおアメリカ流の経営を崇め奉って、「日本もＲＯＥを上げなければ、国際競争力で負けてしまう[14]」と短絡的な思考に陥っています。日本の強みである「三方よし」とは相反する経営を、わざわざ持ち上げてしまっているのです。

株主偏重への「反省」としてのＣＳＶ

ここまで見てきたように、「失われた20年」の間に日本企業はグローバル・スタンダードに追いつこうとさまざまな制度を導入しました。ところが、それでも日本経済は低成長のベクトルから抜け出せていません。むしろ、経済を担うさまざまな層で「分断」を招き、それが結果的に、「三方よし」にもとづく健全な成長の足を引っ張ってしまっています。アメリカにはアメリカに合った資本主義があるように、日本には日本の文化に適した資本主義があるはずです。そう考えれば、私たちは「アメリカ流の合理的な経営をしていれば、日本企業は成長できた」という一見合理的な論調を、すべて鵜呑《うの》みにするべきではないでしょう。

しかも、リーマン・ショック以後、日本だけではなく、世界全体で分断が加速していっています。格差や貧困の拡大も、分断のひとつの表れです。この分断は深まりこそすれ、なくなる兆しはありません。世界的に資本主義は機能不全に陥っていることは、もはや否めないでしょう。

ならば、日本はかつての日本的経営に戻ればよいのでしょうか。私はそうは思いません。国内外の環境がこれだけ変化したいま、昔の日本的経営そのままの姿に戻ることは難しいでしょうし、そもそも制度を形式的に変えるだけで日本の長所である「信頼」を取り戻すことはできないからです。

たとえば、無理やり企業間で長期的な取引を義務付ければ、馴れ合いや癒着を生むことになってしまいます。形だけ終身雇用制に戻したところで、企業と社員の間で相互の信頼がなければ、すぐれた製品やサービスをつくりだすこともできないし、企業として持続可能でもないでしょう。

では、どうすればいいのか。

ここで手がかりにしたいのがハーバード大学のマイケル・ポーター教授が提唱している「CSV（Creating Shared Value：共通価値の創造)」という考え方です。

[14]　ここでの国際競争力とは、サービスや商品の競争力だけではなく、ROEが低くなり、株主から見た魅力が下がることによる資金調達力の減少をも含んでいます

CSVとは「企業が事業活動を通して経済性（利益の創出）と社会性（社会課題の解決）を両立すること」、嚙み砕いていえば「ボランティアではなく本業で社会に貢献すること」です。そして企業がCSVの姿勢を持っているかは、ステークホルダーとの間に「**共通価値**」を見いだしているかどうかが重要な判断基準となります。こちらもシンプルに、「**自分と相手のどちらにとっても価値があると感じられるもの**」と言い換えてしまってよいでしょう。

CSVを実践している企業としてよく紹介されるのが、食品会社のネスレです。もともとネスレは、栄養不良で亡くなる子どもを救うためにミルクを販売するところから事業がはじまった、CSV的な要素の強い企業でした。「ミルクを販売する」ことが「子どもを救う」ことにつながるのですから、まさに共通価値そのものです。

ネスレは、いまも「栄養、水、農村開発」という3つの領域をCSVの注力分野として定め、毎年、その実績を報告書のなかで発表しています。

こうしたCSV経営の重要性がいま世界的に認知されつつある背景には、これまでのような株主偏重の経営は持続可能ではないという認識があるのでしょう。

株主が経営に対し強い決定権を持つアメリカでは、短期的なコストカットを成し遂げた経営者は高く評価され、企業によっては数億、数十億にも及ぶボーナスが支払われることもあります。しかし、そのボーナスが本当に妥当なのか、社内外から批判の声が高まりつつあります。株主へのリターンを最大化する経営が企業の持続的発展をもたらすという前提に、疑問符がつきはじめているのです。

株主偏重の経営理論にもとづけば、株主へのリターン以外は、「コスト」として捉えられます。国内の人件費が高かったり、円高によって儲けが薄くなったりした場合には、国内の工場を閉鎖して、すぐに海外に移転する。業績不振に陥ったら、大幅なリストラをしてV字回復を優先する。そこに、「社会の形成」や「心の形成」の視点は一切ありません。そんな経営は、社会の持続可能性を毀損します。

日本的経営に内在する「三方よし」と欧米が提唱するCSV。企業の利潤だけを最大化すればいい、という経営を見直すという点で、両者のベクトルはほぼ同じ方向を向いているといっていいでしょう。

CSRとCSVは何が違うのか

CSVと似ている考え方として、「CSR（Corporate Social Responsibility：企業の社会的責任）」というものがあります。

登場した順番でいえば、先にCSRがあって後からCSVが出てきたわけですが、両者はどのように違うのでしょうか。

CSRは、もともとアメリカではなくヨーロッパで生まれた考え方です。

ヨーロッパでは若年失業問題が深刻化して、政府では対応できなくなった[15]。そこで企業にも、失業問題にコミットしてもらおうというところから、いわば政治側からの働きかけによりCSRという概念がつくられていきました。ですから、ヨーロッパでは「企業の社会的責任」といえば、まず「雇用」のことだと捉えられます。たとえば失業対策として採用基準や人材育成の方法を根本的に変えることが、企業のCSRと捉えられるのです。

ところがCSRがアメリカに輸入されると、営利活動以外の寄付やボランティアと解釈されてしまいました。そしてその解釈が日本に入ってきた[16]。そのため、日本のCSRも、アメリカ的な「本業以外の社会貢献活動」として捉えられるようになったのです。

アメリカはそもそも寄付文化が根付いていたため、社会的課題はボランティアなど事業以外の活動で解決するもの、という考え方がありました。しかし、**日本では「三方よし」の概念をみればわかるように、社会性がすでに事業のうちに内在していた。**

ところが、アメリカ的にCSRを「本業以外の社会貢献活動」として捉えると、多くの人は経済性と社会性を両立しないものと考えるようになっていきます。

たとえば、地域のゴミ拾いをしましょう、ボランティアに行きましょう、といった社会貢献をしても、人件費や交通費、消耗品費がかかる。つまり、社会貢献活動がコストとしてカウントされてしまうのです。

一方、CSVはあくまでも本業のなかで「経済的価値と社会的価値の両立」をめざします。本業のなかで、さまざまなステークホルダーとともに、経済的価値と社会的価値の両方を実現していく。そこがアメリカ的なCSRとは大きく異なる点です。

[15]　ユーロの通貨価値を守るためEU各国は財政赤字をGDPの3％以下に抑え込まなければならないため、政府が自由な財政出動ができないことが背景にあります

[16]　正確には、アメリカ流のCSRには企業が不正行為を行わないために定めるコンプライアンスや、反社会的内容を含んだ事業を行う企業への警告機能などさまざまな要素も含まれていました。しかし、日本に輸入されるにあたり、「アメリカにあって日本にない要素」としてボランティア活動や寄付が過剰に注目を浴びるかたちとなってしまいました

客観的基準が「無責任体質」をもたらす

私は、ＣＳＲよりＣＳＶのほうが、日本人の感覚としてしっくりくるように思います。というのは、本業での経済的価値と社会的価値の両立をめざすＣＳＶは、近江商人の「三方よし」と非常によく似ているからです。

ただし、ＣＳＲにせよＣＳＶにせよ、「流行っているから、うちの会社も」と形式的に導入してしまうと、結局それは外面を「お化粧」するだけに留まってしまいます。そういった企業は、すぐに第三者機関の評価指標に飛びつき、基準を満たすことを目的にした部署をつくりがちです。

しかし、外部の基準や格付けに極度に依存すると、そこには必ず「無責任体質」が生まれます。

金融の世界でもそうです。

格付けに基づいて投資先を選定し、数式モデルを駆使して投資する。一見、合理的に見えますが、ファンドマネージャーの立場にたてば、「格付けに従って運用しているのだから、失敗しても自分に責任はない」という恰好の言い訳になってしまうのです。

ＣＳＲやＣＳＶも同じです。指標をつくり、企業の社会性をスコアリングする。ひとたびそのスコアにより優良企業だと評価されると、その企業が何か問題を起こしても、「いや、基準に従ってやっていました」「格付けでは上位だったので」という責任逃れや言い訳として、指標が使われてしまいます。

それでは先述した形式的なコーポレート・ガバナンスと変わりません。

たとえば、障がい者の法定雇用率を守っている企業であれば、雇用の実態は問われません。もし企業が「雇ったという事実」をつくるために数合わせの雇用をしていたとしても、基準からは何も見えてこないのです。

さらに、客観的基準によってＣＳＲやＣＳＶを評価しようとすると、どうしても評価は網羅的になりますから、専門的な部署を設置できない中小企業は蚊帳の外になってしまいます。

結局、ＣＳＲもＣＳＶも、外からのプレッシャーを動機にすれば、いずれ形骸化してしまう。だからこそ、日本は草の根から自発的に生まれた「三方よし」を、より今日の時代に合ったものにアップデートし、世界に示していくべきではないでしょうか。

そこで私は近年のＣＳＶ重視の動向などもふまえて、よりよい資本主義をつくるための「合言葉」を思い切って提案することにしました。
それが、「八方よし」の経営です。

「三方よし」から時代に合わせた「八方よし」へ

近江商人の「三方よし」は「売り手よし、買い手よし、世間よし」、つまりかかわる人全員が幸せになることがその本質でした。一方、CSVで重要なことは、企業と社会どちらにとっても利益となる、「共通価値」を創造することにあります。

そこで、双方のよいところを取り入れ、
①三方よしの「三方」を「八方」にしてみましょう
②その八方すべてのステークホルダーとの間に「共通価値」を見出しましょう
というのが私の提案です（図7）。

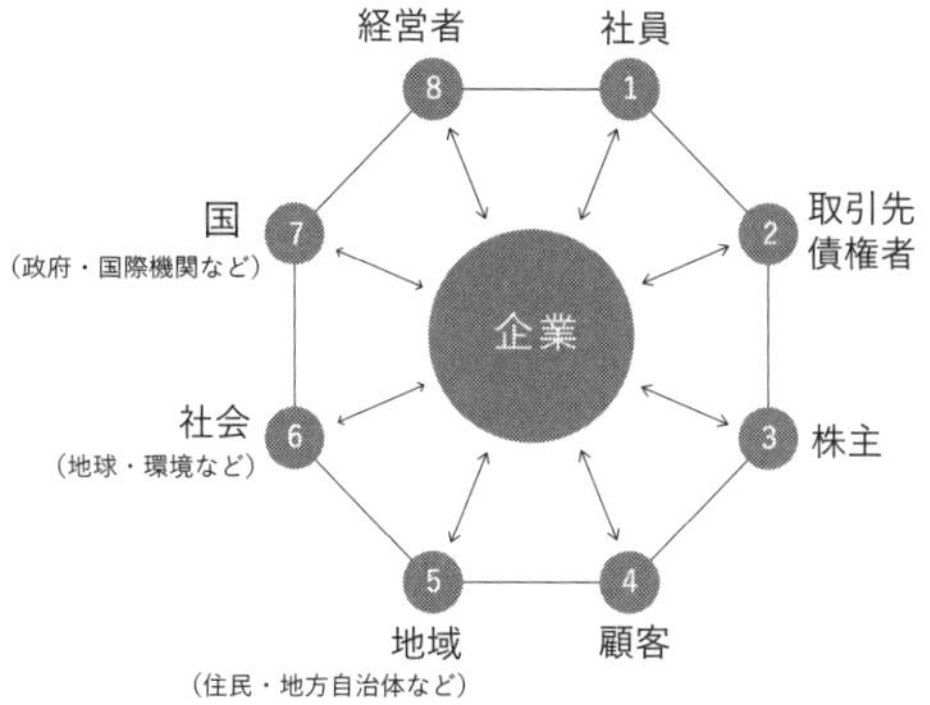

八方すべてのステークホルダーと「共通価値」を見出す

図7　「八方よし」とは

❶社員
❷取引先・債権者
❸株主
❹顧客
❺地域（住民・地方自治体など）
❻社会（地球・環境など）
❼国（政府・国際機関など）
❽経営者[17]

[17]　経営者がステークホルダーに入っていることに違和感を覚える方もいるかもしれません。しかし、企業を「社会の公器」と考える八方よしの考え方では、経営者もステークホルダーの一人にすぎません（詳しくはのちほど述べます）

現代は、「三方」で表せないほどに経済が複雑化しています。「売り手」を構成する人でいえば、まず経営者と社員がいる。そして仕入先、外注先など、「社外社員」と呼ばれている取引先も売り手の構成員ですし、企業に融資をする銀行のような債権者も、取引先と同様、運命共同体です。株主もまた投資という形で、企業の活動資金を提供しているのですから、「売り手」の仲間です。

「買い手」に関しても、単に消費者だけが買い手ではありません。企業対企業の取引では、企業も買い手になります。事業に応じて、買い手の種類も多様化しているのです。

「世間」は、さまざまに解釈できると思いますが、地域、社会、国（政府）と考えると、おおよそカバーできるはずです。この「八方」は便宜上のものですから、それぞれの企業によって、その数は増えたり減ったりするでしょう。いずれにしても重要なことは、「三方」より細やかにステークホルダーを想定し、企業がそのすべての立場にとってメリットとなる「共通価値」をつくっていくことにあります。

「そんなものはきれいごとだ」「日々トレードオフの選択をしなければいけないのが、経営の厳しさだろう」というご意見をお持ちの方もいらっしゃるかもしれません。もちろん、簡単なことではないでしょう。しかし、私たちは「八方よし」を実現する嘘のような本当の企業をこれまで何十社も見てきました。その中にはベンチャーもあれば大企業もあり、農業を扱う企業もあればＩＴ企業も含まれます。どんな業態のどんな企業であっても、「八方よし」は必ず実現できます。いや、しなければならないのです。

地球の「ゴーイング・コンサーン」

「三方よし」を「八方よし」に拡張させる必要があるのは、ステークホルダーの数が増えたからだけではありません。「八方よし」でより積極的に意識されているもの、それは「資源の有限性」です。

化石燃料をこのまま無尽蔵に使い続ければ気候変動は深刻化し、人類全体の存続を脅かします。途上国や新興国がさらに発展し、食糧や資源の需要が増加していけば、戦争や紛争のリスクも高まるでしょう。

資本主義が無限に富を追求し、「フロー」にばかり注目している間に、地球の「ストック」である資源はどんどん失われてきました。今後も、資本主義がより効率的に機能すればするほど喪失の勢いは増していくはずです。

経営学の用語に「ゴーイング・コンサーン（going concern）」という「永続的な企業活動」を意味する言葉があります。

どんな企業も、倒産を目的にするはずがありません。企業の理想としては、永遠に継続することを前提にして事業を行っているのです。

江戸時代のように、資源が枯渇する心配のない時代であれば、「三方よし」でもゴーイング・コンサーンは可能だったかもしれません。しかし、資源やエネルギーが有限な時代では、企業は「地球の燃料切れ」を起こさないよう持続可能な経営を続けていく必要があります。

そのためには、「三方よし」やCSVの想定する利害関係者だけではなく、地球環境や世界全体までを視野に入れて、ステークホルダーを考えなければなりません。「八方」のなかに、「社会（地球・環境）」や「国（政府・国際機関など）」を含めているのはそのためです。

「利益相反」から「利益分配」の関係へ

八方よしを考えるにあたって重要なのが、「お金＝リターン」という定義のもとでは、企業は八方のステークホルダーと「利益相反の関係」になりやすいということです。

利益相反の関係とは、一方が利益になると、他方が不利益を被る関係のことをいいます。両者にとっての利益を生み出す共通価値とはもっとも遠い関係にあるといっていいでしょう。

たとえば、企業の利益の最大化を目的にするとどうなるか。

社員の給与は「コスト」と捉えられ、人件費は少ないほうがよくなる。取引先であれば、価格（製造原価）を下げるように過度に圧力をかける。顧客に対しては、リピート率を無視して質の低い商品を高値で売りつける。

地域、社会、国（政府）に対しても同様です。地域負担金、環境負担金、法人税などをコストと考えれば、できるだけ支払わない経営が優れた経営ということになります。

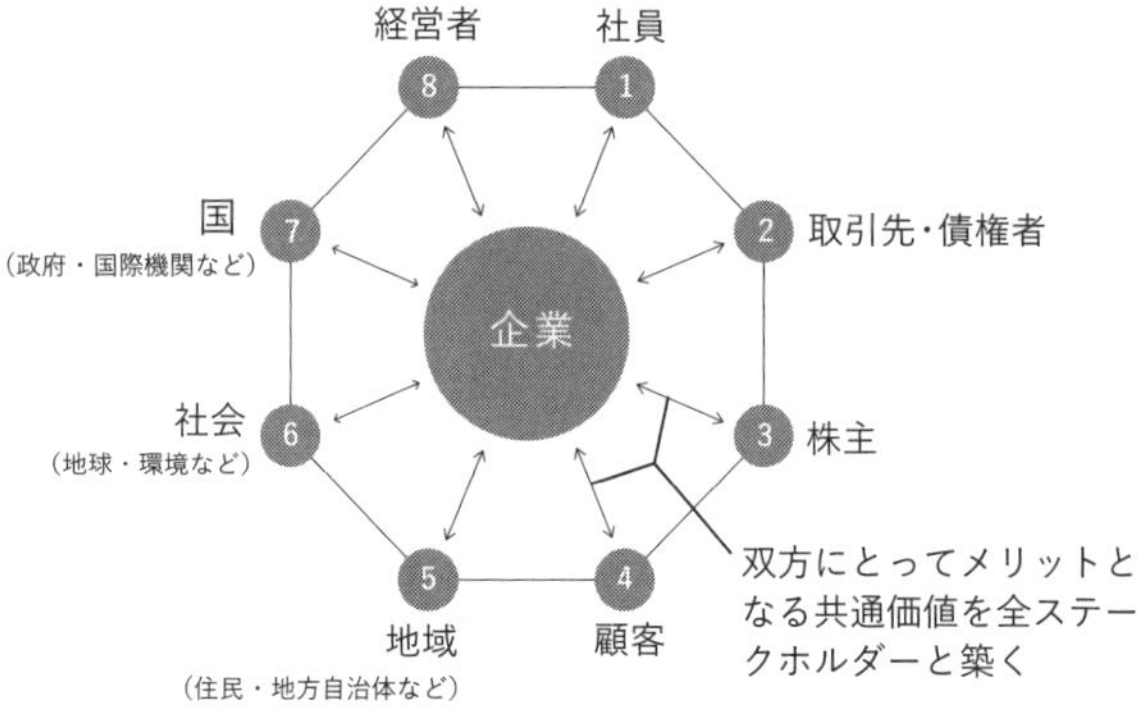

図8　共通価値を築く

これらは経営者の立場になった場合の利益相反ですが、どの立場であろうとも、**金銭的価値だけを優先すれば、自分以外のステークホルダーはみな「コスト」として捉えられてしまうのです。**

一方、「八方よし」では、企業がすべてのステークホルダーとの間に「共通価値」を築き、利益相反のない関係を築くことを重視します（図8）。

売り手である経営者、社員、取引先・債権者、株主は、みな**「コストの発生源」ではなく「付加価値を分配する対象」**と考える。

たとえば社員に対しては、決算書のなかの「人件費」を費用項目から外して収益額を出し、その分配先として人件費を定義すればいいのです。そうすると、経営者と社員は「収益を分配する対象」として同じ方向を向くことができます。

取引先・債権者・株主も同じことです。コストではなく付加価値の分配先と考えれば、企業はすべてのステークホルダーと同じ目標を共有することができるようになる。同じ目標を共有できれば、社員も取引先・債権者も株主も、その企業の「ファン」になります。

顧客、地域、社会、国についても同じように、自社のファンとなるような経営をする。そうすれば、顧客は適正な価格で商品を購入し、株主も株価だけで売り買いを判断せず長期でお金を入れてくれます。地域、社会、国も、事業を推進するときの力強いサポーターになってくれるはずです（その実例は次章で詳しくご紹介していきます）。

「八方よし」の究極の姿としての「ファン経済」

ファンとは、いわば「八方よし」の究極の形です。

プロ野球のファンはひいきのチームが勝つと喜び、負けると自分のことのように悲しみます。「優勝」という目標を共有して、チームと同じ方向を向いているからです。

企業も同じです。顧客、社員、取引先や株主、すべてのステークホルダーと目標を共有し、ファンになってもらう。これが、「八方よし」を目指す企業の究極のゴールです。

ファンづくりは決して「なかよしこよしを目指しましょう」という幼稚な精神論ではありません。なぜなら、ステークホルダーをファンにできるかどうかは、いまや資本主義のなかでビジネスをする企業にとっての死活問題になってきているからです。

ファンのもっとも正反対に位置する態度、それは「価格選好」でしょう。安ければなんでもいい、その企業がどんな経営をしていようがかまわないというのが、価格選好の世界です。「価格.com」というサイトをご存じでしょうか。すべての企業のあらゆる商品を横並びにし「価格」を比較できる、とても便利なサイトです。ただし、選ぶ消費者と選ばれる企業の間にはつながりも信頼も存在しません。

昔は、たとえば「多少高くても信頼できるから松下のお店で買おう」という消費者がいました。しかし、現代ではウェブ空間ですべてが横並びになったことにより、顧客と企業との関係性は無用の長物となりました。結果的に激しい価格選好が起き、企業の利益はギリギリまで削られていきます。

価格選好をするのは、顧客だけではありません。社員が給料の高さだけで企業を選ぶのも、株主が短期的利益だけを求めて投機に走るのも価格選好の一種です。テナントが、高い賃料を払える企業だけを選び、結果的に駅前の一等地が大手資本のチェーン店ばかりになってしまうのも、企業が税金の安い国を探して工場を移転するのも、すべて価格選好の結果です。

極端な価格選好は「つながり」ではなく「分断」を招きます。とにかくお金というリターンを最大化してくれさえすれば、相手は誰だっていい。そんな状態がうまくいくはずがないのは、リーマン・ショックをはじめとする資本主義の息切れをみれば、火を見るより明らかです。

実際に世の中を見渡しても、うまくいっている企業はきちんとステークホルダーがファンになっています。あらゆるモノとサービスが飽和した産業では、価格で差をつけることがとても難しい。その結果、もはや「値段が同じだったら、あの企業のモノにしておこうかな」という共感や応援でしかモノが売れなくなりつつあります。人財の面でも、給料が同じふたつの企業があるなら、より共感を集める企業の方が優秀な人を獲得できるのは間違いありません。商品も企業も、共感で選ばれる時代になってきているのです。

ファンを中心にした「ファン経済」を目指すことは、企業にとって単なるお題目ではありません。価格選好から脱け出すための、立派な競争戦略です。

そして、ファンが「八方よし」の究極の姿であるとするならば、「八方よし」を目指すこともまた、企業にとってお題目ではありえないのです。

ファンは「いい試合をしたか」を見ている

しかし、ファンをつくること、ファンであり続けてもらうことはそう簡単ではありません。ファンは結果だけでなく、プロセスまでしっかり見ています。野球でいえば「負けたけど、今日はいい試合だった」とまた球場に足を運びたくなるような試合もあれば、「勝ったけど、あんな戦い方をするのなら、もうファンをやめたいな」と思わせてしまう試合だってある。ファンは一番の味方であると同時に、厳しい監視者でもあるのです。スポーツの世界同様、ビジネスでも汚い戦い方をする企業にファンはまず生まれません。

では、企業のステークホルダーにファンになってもらうために、もっとも重要なものとは何でしょうか。それは、事業に対する大義、すなわち「経営理念」です。**顧客や社員や株主に経営理念に共感してもらうことから、ファンづくりの第一歩がはじまります。**

経営理念が重要だということなど、多くの経営者は百も承知です。でも、その理念が、社員全体になかなか浸透しない。どこか形骸化してしまっている。そこが経営者の悩みどころです。

経営理念が力を失う原因は、現実と理念の間に生じるギャップにあります。

企業の事業を多角化して、創業時の理念からかけ離れている事業にも手を付けてしまう。あるいは、経営理念があまりにも抽象的すぎて、現場でアクションを起こすときの基準になりづらい。そうならないためにも、経営者にはまず自らが経営理念の「筋」を通し、さらにその経営理念をきちんと社員に伝えることが求められます。

たとえば鎌倉投信は、「投資はまごころであり、金融はまごころの循環である」を投資哲学として掲げています。もし鎌倉投信が、目先の金銭的リターンに目が眩んでまごころなき企業に投資をしてしまったら、社員も、「なんだ、結局理念は口だけなんだな」と興ざめし、ファンであることをやめるでしょう。だから私たちは、理念に対して筋が通っていれば、赤字企業にも投資をするのです。そして、投資先を決める際、社員に「なぜこの企業に鎌倉投信が投資するべきなのか」を、伝える努力を惜しみません。

私が企業訪問をする際も、経営理念がきちんと「筋が通っているか」をしっかりとチェックします。理念と関係のない事業にいくつも手を出していないか。そして、経営の筋が通っていたら、次は経営者と社員に別々に話を聞き、企業に対して共通の考えをもっているかどうかを確かめます。「八方よし」の「いい会社」ほど、経営者と社員は同じ方向を向いています。どの会社でもその力の源泉は、経営理念にあるのです。

応援される企業は本業を「拡大解釈」する

「八方よし」の詳細な事例は次章で解説していきますが、ひとつだけ、印象に残っているエピソードをご紹介しましょう。

長野県伊那市で「菓匠Shimizu」というケーキ屋さんを経営している清水慎一さんのお話です。

あるとき、不幸にも「菓匠Shimizu」の近隣地区で、家族内の傷害事件が起きました。ショックを受けた清水さんは、朝礼でこう話したそうです。「この事件は我々の責任だ」と。

なぜ、警察でも自治体でもない、よくある街のケーキ屋さんが傷害事件の責任を感じたのか？

それは、菓匠Shimizuの経営理念が「お菓子を通じて、夢を届けること」にあったからです。清水さんは、経営者として真剣にこの理念に向き合っていた。

だから、「もしその日、その家にうちのケーキがあったなら、傷害事件は発生しなかったはずだ」と考え、責任を感じていたのでした。

その事件をきっかけに始められたのが「夢ケーキ」と題した取り組みです。1年に1度8月8日の「夢ケーキの日」に、子供たちが描いてきた夢の絵を再現したケーキをつくって、プレゼントします。

「夢ケーキの日」に、ケーキを受け取る家族のうれしそうな顔を見たら、きっと誇らしい気持ちでいっぱいでしょう。このケーキ屋さんで働いてよかった。私だってそう思います。

「夢ケーキ」の試みはまたたく間に共感を呼んで、ケーキの売れゆきは伸びる一方。現在では、週1回年約50回ほど「出張夢ケーキ」という形でさまざまな施設へ出向くなど、全国規模の活動になっています[18]。

「菓匠Shimizu」は、社員も顧客もファンにするまさに「八方よし」の見本のような企業です。でも清水さんは、ケーキを売りたいから「夢ケーキ」をつくったのではありません。悲惨な事件に心を痛め、それを他人ごとにしないで「自分ごと」にした。そして何ができるかを考えた。「先義後利」とは、こういうことをいうのだと思います。義が先にあり、そこに共感する人が集まって、全国からケーキを買いに来るわけです。

私がCSVと言わずに、「八方よし」という言葉を使うのは、わざわざ欧米の思想を借りずとも、「菓匠Shimizu」が示すように、日本には信頼や共感にもとづいた経営が脈々と受け継がれているからです。

だから「三方よし」を発展させ「八方よし」の経営をすればいい。失ったものを取り戻して、それを時代の要請に合うようアップデートすればいいのです。

「八方よし」を実現していくためのヒントも、「夢ケーキ」の取り組みのなかに語られています。それは社会的な課題を「自分ごとにする力」です。

「自分ごとにする力」とは、本業を拡大解釈する力のことです。

世の中には、本業を「狭く」捉える企業がまだまだたくさんあります。効率を追い、最小の労力でお金というリターンを最大化するためには、本業を「ここからここまで」と狭く定義するほうがラクです。範囲を狭めるほど効率を上げやすくなるのは、投資も実際のビジネスも変わりません。

「我が社はメーカーです。製造効率を上げるため、深夜も工場を稼働させます。近隣住民の方には多少迷惑かもしれませんが、住民のケアは民間企業の仕事ではありません」

極論するとこんな考えに陥りがちですが、こうなると当然誰からも相手にされなくなります。

逆に本業を広く大きく捉えると、「菓匠Shimizu」のように、自然とファンが生まれます。

社員からも地域からも愛される企業として、これからも「菓匠Shimizu」は成長を続けていくはずです。

［18］　2011年からは、NPO法人「Dream Cake Project」が立ち上がり、活動の主体となっています

第3章

現場を訪ねてはじめてわかった、「いい会社」が大切にしていること

「八方よし」の経営は、決して夢物語ではない

いよいよ本章では、前章で提案した「八方よし」を現実に実践している企業を、具体的にご紹介していきたいと思います。

その前に、少しだけおさらいをしておきましょう。

第1章では、私自身の外資系金融での経験や反省をふまえて、現在の資本主義が抱えている根本的な問題点についてお伝えしました。

ポイントは「リターン＝お金」という定義です。

お金を求める欲望にはキリがありません。ですから「リターン＝お金」と考えてしまうと、いつまでたっても精神的な満足や幸福に至ることなく、ひたすらお金を膨張させることが自己目的化してしまう。それは個人、企業、国家であっても同じです。

「リターン＝お金」は、企業の財務諸表や国家のＧＤＰのなかでは「フロー＝一定期間の利益」

という形で表されます。しかし、そうやって短期的な利益だけを追求すると、経営者の資質、その企業で働いている社員のモチベーション、企業と地域との結びつき、お客さまから得ている信頼などの「見えざる資産」を毀損してしまいます。このことは、リーマン・ショックではっきりと示されました。社会が金銭的欲望ばかりに覆われるようになると、人々の間に「分断」が生じます。

バブルが怖いのは、それが崩壊したときに多額の金融資産が失われるからだけではありません。それ以上に、**バブルはその生成過程で、信頼にもとづいた経済を破壊してしまうことが恐ろしいのです。**

じつはフロー偏重の資本主義で蔑《ないがし》ろにされるのは企業の「見えざる資産」ばかりではありません。

たとえば日本の住宅は、欧米に比べてサイクル年数がきわめて短いことが知られています。欧米では１００年もつ住宅がザラにあるのに対して、日本の住宅は20～30年ぐらいでスクラップ＆ビルドを繰り返しています。これは中古住宅の評価とも関わっていて、日本の住宅の価値は、およそ20年で消滅してしまうのです。

一方、欧米の住宅は古くても値段が下がらないどころか、なかには上がるものもあります。日本の住宅だけがフロー主義になり、「見える資産」が素早く目減りしていってしまっているわけです（図9・10）。

フロー主義の行き着くところは、使い捨ての社会です。

だからこそ私たちは、「リターン＝お金」という定義を見直し、フローからストックへと、つまり短期的最適化から長期的最適化を目指す世界へと舵を切らなければなりません。


第2章で述べたように、日本には「見えざる資産」を大切にする企業文化が脈々と受け継がれてきました。近江商人の「三方よし」しかり、戦後の日本的経営しかりです。

ところが90年代のバブル崩壊とともに、日本はアメリカ流の経営理論やグローバル・スタンダードに過剰適応してしまった。そうして多くの企業が「見えざる資産」を失い、「リターン＝お金」という価値観に染まっていってしまいました。その結果、日本社会でも、さまざまな層で「分断」が進行してしまったのです。


2008年のリーマン・ショック以後、世界規模で「分断」が加速し、グローバリゼーションへの反省が高まりました。そのひとつの表れが、経済的価値と社会的価値の両立をめざすCSVという考え方の普及です。

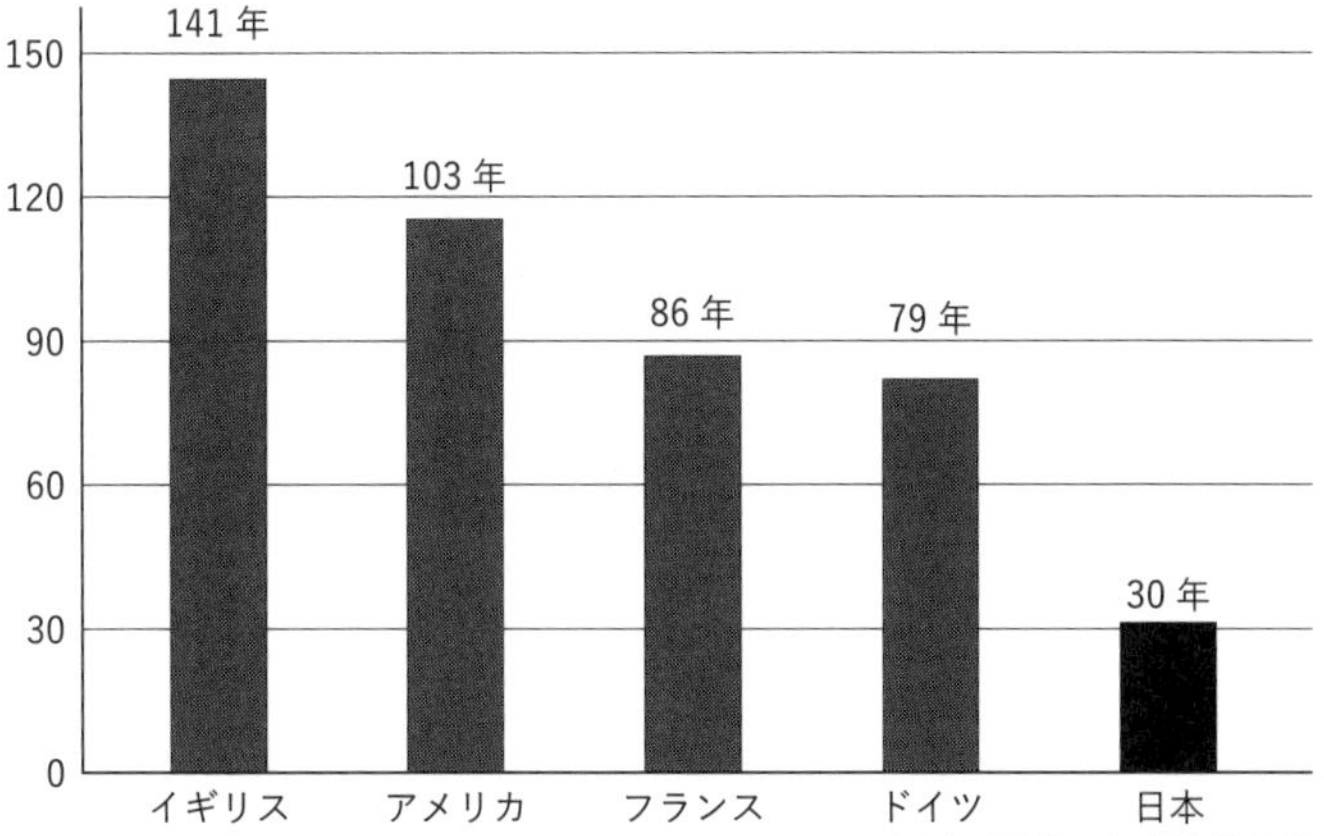

出所：平成8年度建設白書

図9　住宅の平均サイクル年数

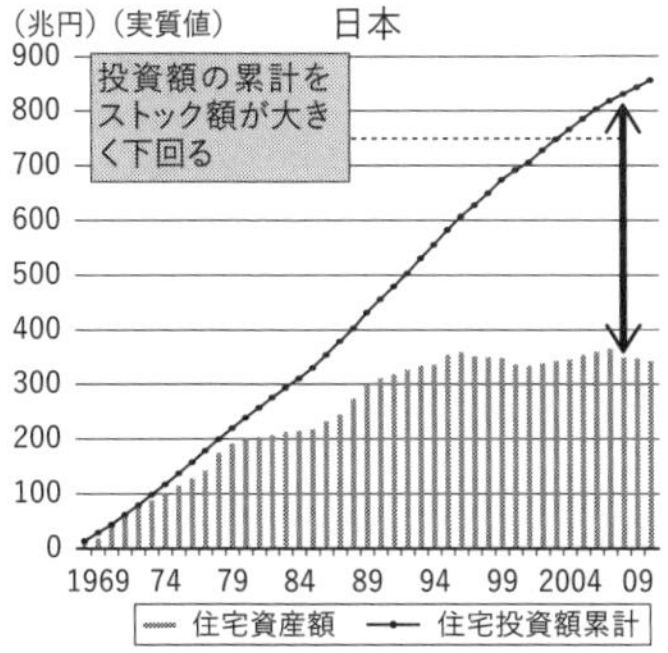

出所：国民経済計算（内閣府）
※野村資本市場研究所の「我が国の本格的なリバース・モーゲージの普及に向けて」を参考に作成
※住宅資産額の2000年以前のデータは、平成17年基準をもとに推計　一部編集

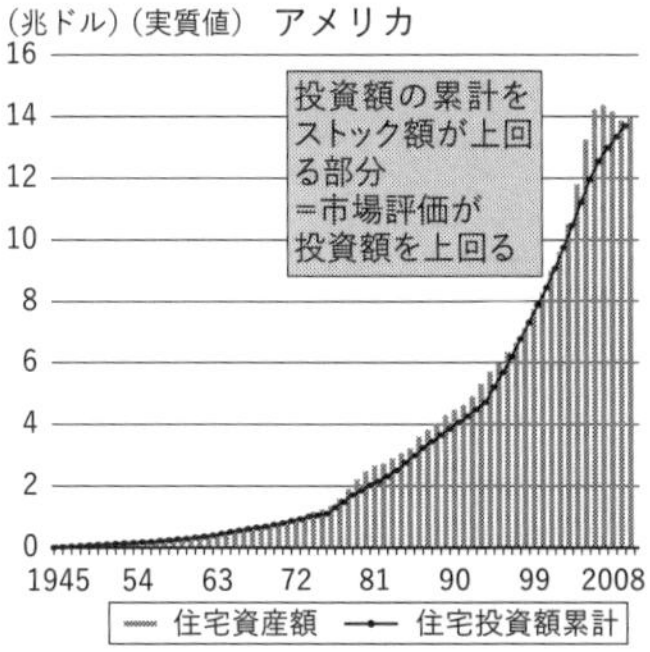

出所：住宅資産額：「Financial Accounts of the United States」（米連邦準備理事会）
住宅投資額累計：「National Income and Product Accounts Tables」（米国商務省経済分析局）
※野村資本市場研究所の「我が国の本格的なリバース・モーゲージの普及に向けて」を参考に作成／国土交通省　一部編集

日本の不動産は投資がストックとして蓄積されていない

図10　日米の住宅投資額累計と住宅資産額

そんな時代的要請をふまえて、私は前章の最後に、「三方よし」をバージョンアップさせた「八方よし」の経営をご提案しました（図11）。

経営者、社員、取引先・債権者、株主、顧客、地域、社会、国という「八方」と共通価値を築き、みなが豊かになるような経営――。なにか夢のような話に聞こえるかもしれません。しかし、日本にはCSVが唱えられるよりもずっと前からそういった経営が受け継がれ、いまでもたくさん「八方よし」を体現している企業があるのです。

この章では、そんな「八方よし」の「いい会社」を、みなさんにじっくりお伝えしていきましょう。

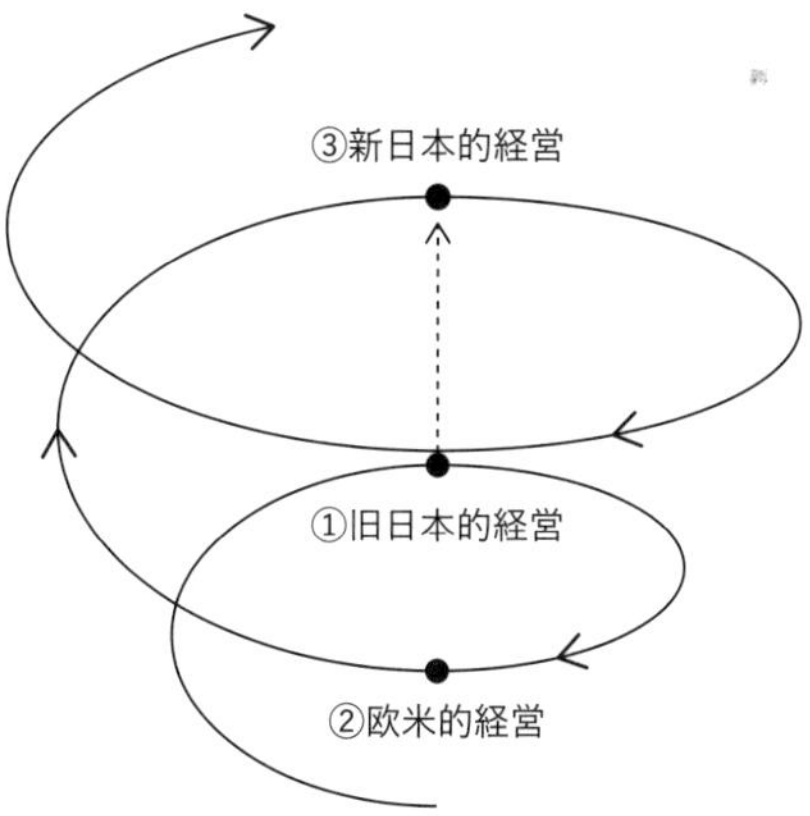

	①旧日本的経営	②欧米的経営	③新日本的経営
コンセプト	三方よし	効率重視	八方よし
資産評価の対象	「見えざる資産」含む	「見える資産」中心	「見えざる資産」含む
社会性	世間よし	CSR・CSV	八方との共通価値
フロー／ストック	−	フロー重視	ストック重視
短期／長期	−	短期の最適化	長期の最適化
価値観	−	コスト意識（価格選好）	ファン経済（共感重視）

図 11　資本主義のスパイラルアップまとめ

八方よし
その1

「社員よし」の経営

「ホウレンソウ」不要の不思議な企業、未来工業

前章でも述べたように、社員の人件費を「コスト」と捉えてしまうと、企業と社員の利益は相反します。また社員の側も、「お金のため」と割り切るような働き方では、仕事にやりがいを見出せるはずもありません。

「いい会社」は、社員のモチベーションを高めるのが上手です。そういった企業では、社員は「コストの発生源」ではなく、「付加価値の分配先」として位置づけられています。

でも、給料だけでは、社員のモチベーションを維持することはできません。「社員よし」を実現するために、何よりも重要なのは、企業と社員が「信頼」で結ばれていることです。そんな企業の代表例が、岐阜県にある未来工業でしょう。

未来工業は、電気設備や給排水設備の資材・工具で数多くの独自製品を生み出し、とくにコンセントの裏にある「スイッチボックス」では、国内トップのシェアを持っている企業です。

未来工業のすごいところは、「管理」や「強制」がまったくないこと。

たとえば、通常の企業では徹底的に叩き込まれる「ホウレンソウ（報告・連絡・相談）」を強制するようなことはありません。タイムカードもありません。社員食堂でランチを食べた回数すらも自己申告制です。

企業が管理や強制をするのは、社員を信頼しないから。それでは、自分で考えて働く社員は育たないというのが未来工業の考え方です。

未来工業の理念は「常に考える」。会社を訪れると、いたるところにこの理念が書かれています。それを体現しているユニークな制度に、「アイデアを会社に提案すると最低５００円をもらえる」というものがあります。どんなアイデアであっても500円は支給するそうです。

ですから社員はいろいろなことを考えます。その過程で、お客さまに役立つ新商品や、生産性を高める方法が見えてくる。結果として全社員の4人に1人が年間20件以上の提案をし、そこから生まれた特許・実用新案・意匠の数は3000件を超えているといいます。

社員を信頼しているから、提案が実現するのも早い。「やってみてダメなら、元に戻せばいい」という考えが浸透しているので、社員は失敗を恐れません。

社員が常に考え、気持ちも前向きであれば、生産性が高くなり、残業も減る。結果、残業が減ると社員は幸せだし、人件費も減る。「1提案500円制度」はお金がかかる仕組みに思えますが、結果的には自立した社員を育て企業への利益となって戻ってくるという「共通価値」を生み出しているのです。

人をコスト扱いしたくないから、全員が正社員

「日本一、社員が幸せな会社」を掲げる未来工業では、年間の休日が約１４０日、残業ゼロ。有給休暇を含めれば、年間１６０〜１８０日が休日で、１日の労働時間は7時間15分です。

未来工業では残業しない人がいい社員とされます。残業が発生すれば、その分の人件費を製品価格に上乗せせざるをえなくなってしまうからです。浮いた残業代は、毎年の社員旅行や昼食代の補助、約70のクラブ活動への補助として、社員に還元されます。

残業しないことによってさらに社員が幸せになるのですから、社員だって残業しないように、自ら働き方を工夫するようになるわけです。

人をコスト扱いしたくないから、全員が正社員採用です。非正規や派遣社員の採用はありません。あえて年功序列で、定年は70歳。給与水準は地域ではトップクラスです。

何から何まで、未来工業の仕組みは「非常識」に見えます。でも、この会社を非常識と捉えてしまうのは、それだけ私たちがおかしな「常識」に染められているからかもしれません。

会社から「やりたいようにやれ」と任せてもらえる。社員を信頼する仕組みが、会社中に組み込まれている。そんな会社ならば、社員だって会社のファンになるに決まっています。

社員が楽しく働きモチベーションがあがれば、業績が上がる。実際、平成27年度の連結売上高は約354億、経常利益は約42・7億、売上高経常利益率は約12％。未来工業は、ずっと高収益を上げ続けているのです。

特筆すべきは、管理部門の小ささです。800人以上の従業員がいても、本社管理部門は計12人。購買担当者も4人で、請求書のチェックは基本的にありません。

「チェックしなくてはならない先とは取引していないし、たとえ間違いがあったとしてもチェックする人件費がもったいない」と瀧川克弘社長（当時）は言い切っていました。

本部人員比率はわずかに1・5％です。本部管理部門が力を持ったり立派な本社ビルを建てたりすると業績が頭打ちになる例はよく見られますが、未来工業は徹底した現場主義を貫いています。

「社員よし」の経営は、社員を信じることから始まるのです。

トヨタも変えた「年輪経営」を掲げる伊那食品工業

「かんてんぱぱ」のブランドで知られる寒天メーカーの伊那食品工業も、「社員よし」を体現している「いい会社」です。

伊那食品工業の社是は、「いい会社をつくりましょう〜たくましく そして やさしく〜」。公式ホームページでは、伊那食品工業の考える「いい会社」について次のように説明されています。

〈単に経営上の数字が良いというだけでなく、会社をとりまくすべての人々が、日常会話の中で「いい会社だね」と言ってくださるような会社の事です。「いい会社」は自分たちを含め、すべての人々をハッピーにします。そこに「いい会社」を作る真の意味があるのです。〉

まさに「八方よし」をそのまま表現している言葉です。

私は、自分の人生を変えた1冊『日本でいちばん大切にしたい会社』で、伊那食品のことを知り、「こんな会社があったのか！」と衝撃を受けました。

その後、何度も視察に訪れ、「いい会社」の本質について、伊那食品から学ばせていただいています。

同社の塚越寛会長がつねづね語るのが「年輪経営」です。

樹木は、寒さや暑さ、降水量、風雪などの気象条件によって、幅は違うものの、必ず年輪をつくり一年一年少しずつ成長していきます。この樹木のように、自然体で少しずつ成長するのが企業のあるべき姿ではないか、と塚越会長は言います。

ですから、伊那食品では急激な成長を求めないし、数値目標も掲げません。売上や利益は、年輪経営の結果だと考えているからです。

一時期、伊那食品の主力商品である寒天がメディアに取り上げられ大ブームとなったことがありました。注文が次々に入り、出せば売れるのお祭り騒ぎ。社員が喜ぶなか、塚越会長はそれを見て一人「会社創設以来の大ピンチだ」と思ったといいます。

ブームは、いつか終わります。単にブームの追い風が吹いているだけなのを自分の実力と勘違いして急成長を目論むと、いつか大きなしっぺ返しをくらうことになる。塚越会長はそう自分を戒め、どれだけ生産が追いついていなくとも、無理な設備投資はせず、着実な成長を目指しました。その結果、伊那食品はまさに年輪のごとく、創業から48年間連続の増収増益を成し遂げました。国内マーケットで8割、世界でも15％と、そのシェアはダントツです。

「**会社は、社員を幸せにするためにある**」というのが塚越会長の信条です。だから、売上や利益を伸ばすことよりも、社員一人ひとりが人間的に成長することに重きをおく。社員は家族同様の仲間なのだから、決してリストラはしない。塚越会長は次のように語っています。

〈経営にとって「本来あるべき姿」とは「社員が幸せになるような会社をつくり、それを通じて社会に貢献する」ことだと思います。そして売り上げも利益もそれを実現するための手段に過ぎないのです。

会社を家庭だと考えれば、分かりやすいかと思います。社員は家族です。食べ物が少なくなったからといって、家族の誰かを追い出して、残りの者で食べるということはありえません。会社も同じです。家族の幸せを願うように、社員の幸せを願う経営が大切なのです。またそう願う事で、会社経営にどんどん好循環が生まれていくのではないでしょうか。〉

この言葉どおり、伊那食品は着実に成長を続けています。

トヨタの豊田章男社長は、塚越会長の経営哲学に共感し、自身もまた「年輪経営」を唱えるようになりました。また、トヨタの多くの社員が研修のために、伊那食品を訪れているといいます。トヨタ以外にも、ほぼ毎日、年間数百社が伊那食品を視察し、見学希望者は後を絶ちません。塚越会長の「年輪経営」の哲学は、日本全体に着実に浸透しつつあるのです。

なぜ、強制ゼロでも社員が会社に貢献したがるのか

伊那食品の一日は、朝の庭掃除から始まります。自主的に始業前に出勤し、ある人は竹ぼうき、ある人は草かきをもって四方八方に散らばっていきます。とくに当番が決まっているわけでもなく、担当場所が決まっているわけでもないそうです。あくまで自主的に行うものですから、掃除に参加しなくとも、何の問題もありません。しかし、それでもみんな来る。

ある週末、私が伊那食品を訪れると、「ごみが落ちていたら自分が恥ずかしいんです」といって、休みの日にもかかわらず社員の方がごみを拾っていました。

伊那食品の敷地は広大です。おそらく業者に清掃を依頼すれば莫大なお金がかかるでしょう。もちろん伊那食品の社員のみなさんは、お金がもったいないから清掃活動をしているわけではありません。自分の会社に誇りを持ち、大切にしているから、みな自主的に朝早く出社して庭掃除をしているだけ。それが結果的に、社員の成長につながり、社員の成長が会社の成長につながっ

伊那食品の「朝掃除」。当番も担当場所も決まっていないが、それぞれ自主的に動く

ていくのです。

ある社員の方からこんな話を聞いたことがあります。

学校を卒業して伊那食品に入社し、働き始めた。そうして久しぶりに同級生の友人と会うと、みんな会社や上司の愚痴ばかりを言うそうです。ところが自分は、会社にまったく不満がないから、聞いていてもキョトンとするだけ。そのとき、友達とのギャップを痛感したといいます。

実際に、多くの社員と話すとその感覚はよくわかります。伊那食品の社員は、みなな先輩社員に憧れている。みんな「先輩社員のようになりたい」というのです。

もっと給料がほしいとか、出世したいと

か、そういった目標は設定していません。人間として魅力ある先輩社員のように成長することが、若い社員の働くモチベーションになっているのです。一人ひとりが会社のファンであり、また会社にいる先輩のファンでもある。これほど社員を惹きつけてしまう会社は他にはないのではないでしょうか。私自身もこれまで何度も伊那食品を訪れ、社員の方とお話ししていますが、会う度会う度いろんな社員の方のファンになってしまいます。それほどまでに、魅力のある方ばかりが育っているのです。

伊那食品は地域貢献を「本業」だと言います。地域の方々がお客さまであり、また地域の方に働いてもらっているからです。そしてその言葉どおり、社員が定年退職後も働きつづけられる場所をつくったり（写真参照）、継続的に地元への寄付を行ったりしています。

これも有名な話ですが、伊那食品の前の道は片側1車線の道路で、右折で待っていると、後続車が詰まってしまい、渋滞になってしまいます。そのため社員のみなさんは、一度通り過ぎてから、大廻《まわ》りして左折で入るようにしているそうです。

こうした行動は、会社内だけではありません。スーパーの駐車場に車を止めるとき、なるべく入口から離れたところに止めるのも、彼らにとっては当たり前の行動です。そうすれば、近い場所には妊婦さんやお年寄りの方の駐車スペースができるからです。

「農地荒廃の防止」と「元気な高齢者への活躍の場の提供」を
目指してつくられたぱぱな農園

日々の小さな積み重ねにより、伊那食品は地域全体から愛される会社になりました。伊那の中学校や高校では、優秀な子は「大きくなったら伊那食品に入れるかもね」と言われて育ちます。社員にとっては、「自分が伊那食品の社員である」こと自体が誇りなのです。

自主的な清掃も、先輩社員への憧れも、彼らにとっては誇りから生まれた自然な態度なのかもしれません。

伊那食品は、企業、社員、地域がみな「信頼」という見えざる資産で結びついている、まさに「八方よし」のお手本のような企業なのです。

八方よし
その2

「取引先・債権者よし」の経営

逆転の発想で取引先の雇用を生むダイニチ工業

未来工業も伊那食品工業も、「リターン＝お金」という「常識」に染まらない企業です。社員を幸せにすることこそが企業の目的であり、利益はその手段でしかありません。

こうした企業で働く社員は、自分自身の成長を給料の多寡で測りません。働くことで技術を高め、精神的にも成熟していく。そういった数字にできない要素を含めたすべてが、社員にとって成長の証になっているのです。

取引先や債権者についても同じことがいえます。

取引先も債権者も、社員同様に運命をともにする人たちです。単に支払いをコストと考えてしまえば、買い叩きにつながり、利益相反の関係が生まれてしまいます。

一緒に付加価値をつくりあげることで、取引先の企業にとっての適正利潤を確保する。それが「取引先よし」の経営のあり方でしょう。

しかし、多くの企業人と話をすると、「取引先よし」は現実的には難しいのではないか、という反応が返ってきます。企業はどうしても自社の利益を優先するため、下請けにしわ寄せがきやすい。理想としてはわかるけれど、「取引先よし」の具体的なモデルはイメージしづらいというのが本音のようです。

そこで、ダイニチ工業という機器メーカーをご紹介しましょう。

ダイニチ工業は、家庭用石油ファンヒーター、業務用大型石油ストーブ、加湿器で国内トップシェアを誇る新潟の企業です。

季節性商品である暖房機器は、需要のピークに達する秋口から集中的に生産するのが一般的です。ただ、そうするとダイニチ工業の生産に合わせて、部品を供給する取引先の業績も不安定になってしまいます。

彼らは「逆転の発想」で、この問題を解決しました。同社は一般的なメーカーとは逆に、季節に関わりなく、毎月安定的に生産を続けることで取引先の生活を守っているのです。

「そんなことをしたら、在庫の山ができてしまう」とお思いになるかもしれません。

そのとおり、実際、夏場の工場は在庫が山積みになっています。

もし、自社のことだけ考えれば、秋口に集中して生産する方がキャッシュフローはよくなるでしょう。しかし、それでは取引先の社員は必然的に季節労働者になってしまう。安定を求めて他業種へと流出すれば、やがて、ダイニチ工業の事業自体が成り立たなくなります。だから安定的な生産には、質の高い作業ができる取引先の社員が他業種に移るのを防ぐプラスの効果もあるのです。ただ、ダイニチ工業以外の企業が追随しないところをみると、やはり強い想いがないとできることではないのでしょう。

同社の吉井久夫社長は「新潟で事業を続ける価値は、この地域で雇用を生み、そこで暮らす人々の生活を支え、守ること。新潟に多くの働く場を作り出すことが、地域への貢献となる」とその経営理念を語っています。

工場に山のように積み上がった在庫は、取引先を大事にする姿勢の象徴なのです。

経営コンサルティングを無料で実施するコタ

もうひとつ、変わった企業をご紹介しましょう。美容室専用のシャンプーやトリートメントなどを製造・販売するコタという企業です[19]。

美容院の経営者は、美容師としての経験は豊富でも、経営の知識がないままに独立するケースがほとんどです。そこでコタが取り入れたのが独自の「旬報店《じゅんぽうてん》」システムでした。旬報店とは、美容室がコタの商品を専門に取り扱うことによって、コタの営業社員から経営のコンサルティングサービスを受けられるというものです。

この経営コンサルティング、じつは一切フィーをとっていません。これは、取引先である美容室が利益を出す延長線上にコタの

[19] BtoBの商売においては取引先＝顧客でもあるわけですが、ここでは取引先よしの事例としてご紹介します

成長があるという考え方に基づいています。

その代わりコタの営業マンは大変です。単に商品を売るのではなく、経営コンサルティングまでする必要がありますから、一人前になるためには最低3年かかるといいます。

取引先の発展こそが、自らの発展につながる。業種が違えど、ダイニチ工業とコタの発想の根本は同じです。

自社の利益だけを追求すれば、取引先の利益を極限まで削ることが正当化され、利益相反の関係になってしまいます。しかし、彼らは**利益を取引先と奪い合うのではなく、ともに成長し、長期的な関係性のなかで双方の利益を増やしていっている。**これこそ、まさに「八方よし」のベースとなる「共通価値」そのものではないでしょうか。

八方よし
その3

「株主よし」の経営

株価が「万年割高」でも買われ続けるカゴメ

株主には、利益の分配として配当金が入りますから、とくに何もしなくても「株主よし」の経営になるように思えます。しかし、投資家のほとんどは「お金＝リターン」と捉えるため、配当金額に対しては、企業と株主の間で利益相反が生じてしまいます。配当金の多寡は、株の売り買いの重要な要因です[20]。

配当金を高めたい株主の声が強まると、企業は短期的利益の追求に走らされます。社員に分配しようとしても、株主の目には、自分たちの短期リターンの低下要因と映ってしまう。それでは「八方よし」の経営を実現することはできません。

では、どうすればいいでしょうか。

私は上場企業の経営者から相談を受けるとき、「カゴメを目指してください」とよくアドバイスをします。


トマト加工食品の最大手、カゴメは、２００１年から「株主10万人構想」と銘打って、同社のファンになる個人株主を積極的に増やしていきました。その結果、現在は約20万人の個人株主を抱えるに至り、発行済株式総数の約6割を占めています（東証一部上場企業の平均は２０１５年時点で約2割です）。

カゴメでは、そういった個人株主を「ファン株主」と呼び、株主優待、工場見学会、「社長と語る会」などを通じてさまざまなコミュニケーションを図り、つながりを築いています。

その成果が、「万年割高」の株価です。

企業の株式を見る指標として「ＰＥＲ（株価収益率）」と呼ばれるものがあります。株価収益

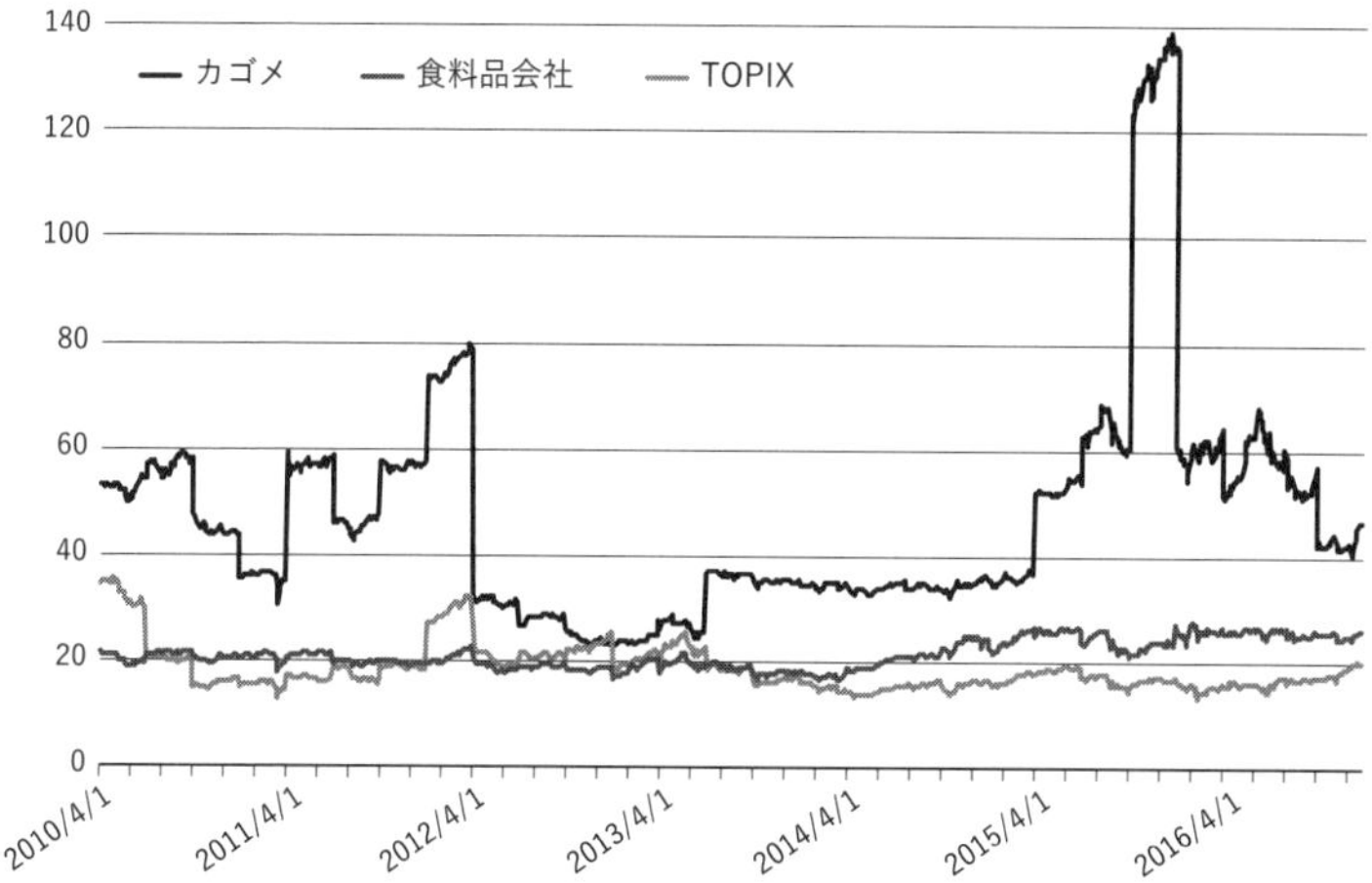

出所：Bloombergのデータを鎌倉投信が加工

図12　カゴメのPER推移

率とは、簡単にいうと、企業の利益と株価の比率を示す数値です。そして一般には、この数値が高いと株価は割高だと判断され、「売り」のサインのひとつとなります。

カゴメの株価収益率を見ると、同業他社に比べて明らかに高い。ふつうなら、売られてもおかしくない数値です（図12）。

ところがファン株主は、株を手放さないため、株価が落ちません。

リーマン・ショックや東日本大震災で、日本企業の株価が激しく落ち込んだ時期にも、カゴメの株価は大きく値を崩すことはありませんでした。

[20]　配当金の多寡以外に、企業の将来の成長性も重要な要因となります

たくさんのファン株主に支えられるカゴメは、短期の利益追求に走らされることもなく、長期的な目線での経営が可能になっています。

長期を見据える姿勢は、社会的課題に対する取り組みにも表れています。

たとえばカゴメでは、国内農業の持続可能性追求のため、トマトジュース原料の全量国産化を目指しています。現状、トマト生産者の高齢化や後継者不足などにより生産者数や栽培面積が伸び悩んでいるため、一部海外産を使用していますが、全量国産化に向け、トマトの産地・生産者の開拓を自ら行っています[21]。

トマトジュース市場でトップシェアを誇るカゴメが国内農業の継続に力を入れていけば、今後も社会に対しても大きなインパクトを生み出すでしょう。そんなカゴメだからこそ、株主も投資が自分の「資産の形成」だけではなく、「社会の形成」にもつながっていることを実感できているのです。

「八方よし」における「株主よし」とは、配当が多いことではありません。**お金をリターンと考える限り、どれだけ配当が多くとも株主と企業の間にある利益相反は解消されない**からです。

企業が「社会の形成」を行い、企業を応援する株主に「心の形成」をもたらす。そこに生まれる共通価値こそが「八方よし」における新しい「株主よし」なのです。

八方よし
その４

「顧客よし」の経営

値下げなしでも顧客に愛され続けるマザーハウス

多くの企業人は、口を揃えたように「お客さま第一主義」といいます。
お客さまの声に耳を傾けることは、もちろん大切です。でも、

[21] カゴメのトマト菜園は全国に14か所。これらを合わせた年間出荷量は約１７６００トンにのぼります（２０１６年時点）

「もっと安くしてほしい」と低価格だけを求めるお客さまの要望に応える「お客さま第一主義」は、果たして本当の「顧客よし」といえるでしょうか。

ひとたび価格選好の世界に足を踏み入れてしまうと、製造コストや人件費にメスを入れざるをえなくなります。結果的に取引先を搾取したり、過酷な長時間労働を強いたりすることになってしまう。誰かの犠牲で成り立つ経済が、持続可能なはずはありません。そんな「顧客よし」は偽物です。

ここでは、マザーハウスという企業が目指す新しい「顧客よし」をご紹介しましょう。


「途上国から世界に通用するブランドをつくる」という理念を掲げるマザーハウスは、バングラデシュに直営工場を構え、バングラデシュ産のバッグをメインにアパレル事業などを展開しています。創業以来毎年120%以上の成長率を維持しながら11年連続で増収を重ね、いまや上場可能[22]な規模にまで成長しました。

なぜ、途上国なのか。それは過剰な値下げ競争の犠牲者が、途上国にたくさんいるからです。私たちが顧客として企業に安さを求めると、企業は必死になって原価を抑えようとします。しかし、国内で働く人を最低賃金以下で働かせることはできません。その結果、安い労働力として買い叩かれるのが、途上国の労働者です。この構造を変えるため、山口絵理子社長はマザーハウスを立ち上げました。

現在、バングラデシュの自社工場で雇用している人数は180名。マザーハウスでは「いいモノをつくる」には働く環境を整えることが第一だと考えています。そこで、現地水準よりも高い給与を払い、企業内ローンなどの福利厚生を整備するなど、働く人が「第二の家」と感じられる工場を目指しているのです。

マザーハウスの強みは、途上国で作られた製品でありながらも、日本の消費者に受け入れられる品質の高さにあります。

彼らがつくるバッグは、決して安くありません。3万円台が中心です。それでも理念に共感する多くのファンが同社のバッグを買っていきます。そのお金は、現地の人たちに対する正当な報酬として還元されていくのです。

マザーハウスは、高品質の商品を製造するために、惜しみなく現地での技術教育に力を入れています。低賃金労働で買い叩くのではなく、付加価値の高い商品をつくれるよう、労働者に技術を身につけてもらう。質が高いからこそ、値下げに走らずとも、顧

[22]　マザーハウスが上場しないのは、短期的な利益最大化を目指す株主が経営権を持つことを避けるためです。上場可能な規模でありながら上場を避ける企業も、いま少しずつ増えつつあります

客に喜んでもらえる。本当の意味での「顧客よし」が何なのかを、マザーハウスは示してくれています。

決してセールを行わないことも、マザーハウスの理念を体現しています。セールをすれば、顧客には「より安く買いたい」という心理が生まれます。価格選好から生まれる問題を解決するために生まれたマザーハウスにとって、セールはもっとも してはいけないことのひとつなのです。

マザーハウスが示す新しい「顧客よし」のもうひとつのキーワードが、「コミュニティ」です。山口絵理子社長は「ブランドに関わるすべての人が笑顔になれるようなコミュニティづくりを目指している」といいます。

お客さまが現地の工場を訪問するツアーを実施する。あるいは、大きな貢献をした現地工場スタッフを日本に招待し、イベントなどでお客さまとの交流の場をつくる。

コミュニティへの帰属感、安心感もまたマザーハウスがお客さまに提供するリターンのひとつなのです。

副社長を務める山崎大祐氏は、以前、私との対談の場で「システムだけが勝手に走っているいまの資本主義を変えたい」「世界標準のコミュニティをつくりたい」と話してくれたことがありました。

©Takahiro Igarashi（520）

バングラデシュの工場で働くスタッフたち

バングラデシュでつくられたバッグが並ぶ日本の店舗

マザーハウスという企業が中心となり、作り手、売り手、お客さまが一体となってコミュニティを形作っていく。「リターン＝お金」がもたらした「分断」とは真逆に、「融合」の関係を生み出そうとするマザーハウスの試みに、私は新しい資本主義の希望を感じるのです。

八方よし
その５

「地域よし」の経営

引っ越してでも依頼したい、地域特化型ハウスメーカー都田建設

ここまで紹介した企業がそうだったように、「いい会社」は、自分たちの活動の基盤である地域を大事にします。企業が地域に貢献すると、その地域の魅力が高まり、地域の魅力が高まると、企業の価値も高まる。そういった好循環のもとに地域との共通価値を生み出すのが、「地域よ

し」の経営です。

「地域よし」の代表例として、近年出会った企業のなかでもっとも衝撃を受けた都田建設のことをお伝えしましょう。

都田建設は、静岡県浜松市北部の都田にある注文住宅専門のハウスメーカーです。最寄り駅は、天竜浜名湖鉄道の都田駅。決して交通の便がいい場所ではありません。営業もいないし、モデルハウスもない。にもかかわらず、都田建設の注文住宅は、予約をしても数か月待ちという盛況ぶりです。それどころか、都田建設に家を建ててほしいからと、わざわざ近隣地域に引っ越してくる人まで現れています。

そしていまや、都田建設は、「DLoFre's（ドロフィーズ）」というブランドのもと、一ハウスメーカーという業態を超えて、週末菜園、インテリアショップ、駅カフェ、レストラン、ホテル、書店など、都田周辺にさまざまな事業やショップを展開しています。

その他にも木工教室など地域のための交流イベントを開いたり、災害に備えて乾パンや発電機などを備蓄する「ミヤコダストック」と銘打った施設までつくったりするなど、事業の枠を越え、自治体さながらの地域貢献を果たしています。

都田建設は、地域に眠るさまざまな「見えざる資産」に生命を吹き込んで、都田の町おこしそ

都田建設が手がけた天竜浜名湖鉄道都田駅の「駅 Café」。
定休日は火・水・木で、営業時間は 11：00 ～ 16：00

「駅 Café」にはマリメッコをはじめとする北欧ファブリックパネルが壁一面に並ぶ。
コーヒーや手づくりのクッキーも提供する

のものに取り組んでいるといっても過言ではありません。

都田建設は「エコロジー・家族の絆・地域のつながり」をテーマに掲げています。ハウスメーカーは家族や地域のために存在するというのが、同社の根底にある理念です。町づくりは、彼らにとって理念そのものなのです。

そうはいっても、なぜ、こんなユニークな企業がつくれるのか。私は不思議でたまりませんでした。しかし、実際に企業を訪ね、社長や社員の方々と話してようやく合点がゆきました。この企業の最大の強みは、まちがいなくチーム力です。しかもそれがハンパじゃない。日本屈指といっても決して嘘にはなりません。それぐらいすさまじいチーム力を、都田建設は培ってきたのです。

全員「ちゃん付け」の裏にある厳しさ

都田建設のチーム力は、それぞれの名前の呼び方にも表れています。なんと同社では、社長、会長も含めて、みんな「ちゃん付け」で呼び合っているのです。蓬台浩明《ほうだいひろあき》社長は「ダイちゃん」、内山覚《うちやまさとる》会長は「サトちゃん」……。

さぞかしフレンドリーな企業だと思われるでしょう。たしかにそうなのですが、このフレンドリーな呼び合いは単なる馴れ合いではありません。フラットな社風は、仕事に対する真摯な姿勢に裏付けされています。

どういうことかというと、都田建設のミーティングでは、年齢に関係なく、誰もが他のメンバーから欠点を指摘してもらいます。20歳そこそこの若手社員が、70歳の社員に「あなたのここは直したほうがいい」と率直に言う。70歳の社員は「はい」とその助言を素直に受け容れます。

ふつうの企業ではそうはいきません。いくら本音で話そうと呼び水を出したところで、上司や先輩社員の欠点を指摘できる人は多くないのではないでしょうか。

それが当たり前のようにできるのはなぜか。おそらく社員の誰もが、人として成長することに対して強い欲求を持っているからでしょう。

会社は学び場であり、自分を成長させる場である。そう思える社員に、ゴールはありません。だから何歳になっても、他のメンバーからの助言を受け容れ、自分を成長させようとするのです。

仕事のリターンは給料だけ、と社員が考える企業ではなかなかそうはいかないでしょう。

いったいどうすれば、こんなチームがつくれるのか。そのためのユニークな仕掛けが、毎週木曜日の12時から13時までの1時間で行う社内バーベキューです。

このバーベキューには、次の3つのルールがあります。

① 1時間でやる
② 全員で毎週必ずやる
③ 予算は1万円以内

バーベキュープロジェクトの発案者は、蓬台社長です。社内の組織力にさらなる磨きをかけ、社員の想いをひとつにするためのアイデアでした。

当初は「そんなことができるの?」と訝《いぶか》しげだった社員たちでしたが、いまではすっかり都田建設のシンボル的な行事となっています。

私も実際に参加したことがありますが、その教育効果は計り知れません。

担当になったリーダーは、あらかじめメニューの決定や買い出しをすべて行い、調理の指示もします。1時間のうちに調理、食事、片付けをすべて済ませるためには、効率的に作業を進めなくてはなりません。

社員は70人ぐらいいて、私のようなゲスト参加者もいます。だから食べるだけでなくて、社員が入れ替わり立ち替わり、ゲストと歓談もする。それを含めて、きっかり1時間で終わらせるわけです。

見ていると、社員同士でアイコンタクトがつねに飛び交っています。材料を切る、火を起こす、焼く――それぞれ空いている役割があれば、阿吽の呼吸で持ち場を探していくのです。

これを毎週行っているのですから、段取り力はみるみるとアップしていくでしょう。それだけじゃなく、社員一人ひとりのキャラクターもわかってくるし、自主的に助け合う行動習慣も身についていきます。

「自分で考えて、場をつくって、自分のすべき行動をする」ことを学ぶ機会が毎週設けられ、社員がいつも成長を志している。一人ひとりの成長の積み重ねが、チーム全体の力を高めていく。そしてそのチーム力は、都田という地域全体を巻き込むことで、地域の力にまで昇華しています。

都田建設は一事業者でありながら地域全体の価値をどんどん高めている、「自分ごと」の範囲が極端に広い企業なのです。

子会社進出によって地域貢献を果たしたツムラ

「地域よし」のもうひとつの事例として、株式会社ツムラもご紹介させてください。ツムラは1893年創業。東京都に本社を構え、医療用漢方製剤で国内8割超のシェアを持つ企業です。ツムラは、障がい者の雇用に積極的に取り組んでいることで知られています。

2009年度、芳井順一社長（当時）のもとで「障がい者雇用3ヵ年計画」を立案し、2011年度末までに障がい者雇用率を4％まで持っていくことを目標としました。2012年3月末には障がい者雇用率は3・93％までに上昇し、それ以降も3％台の水準を維持しながら働きやすい職場環境づくりを推進しています。

このツムラが、2009年に北海道全域で展開する漢方薬事業の拠点として夕張市に、「夕張ツムラ」という子会社をつくりました。

「財政破綻した夕張市に生薬施設を建設すれば、疲弊した過疎地への支援になるかもしれない。

それに、夕張なら生薬の調達・加工・保管のすべてに適している。現地の農家の方々と一緒に、豊かな地域社会を築ければ」と考えての決断だったそうです。

夕張ツムラは2014年には農業生産法人となり、北海道内におけるさらなる生薬の生産拡大を目指しています。ツムラ本体で進出する方法もあったかもしれませんが、夕張に別法人をつくれば、税金を自治体に納めることができます。つまり本業を着々と進めるだけで、地域貢献ができるという仕組みです。さらにツムラの役員や社員の一部は、毎年夕張市に「ふるさと納税」を行っているといいます。

特筆すべきは、2010年に夕張ツムラが、農業生産法人「てみるファーム」と生薬栽培に関する委託契約を締結したことです。「てみるファーム」とは、北海道の社会福祉法人が知的障がい者の自立を目的として設立した農業生産法人です。ツムラは、この「てみるファーム」を取引先とすることで、現地での障がい者の雇用を生み出しました。

2012年、こうした取り組みが評価され、ツムラは「第2回 日本でいちばん大切にしたい会社」大賞「経済産業大臣賞」を受賞しました。

事業を通じて、無理のない形で地域を支援する。ここにもまた、企業と地域の間に共通価値が生まれています。「地域よし」のみならず、「社員よし」「取引先よし」「社会よし」など、「八方よし」の精神を体現するツムラは、鎌倉投信の考える「いい会社」そのものなのです。

八方よし
その6

「社会よし」の経営

奇跡のビジネスモデルを構築した日本環境設計

前章で述べたように、地球の資源やエネルギーは有限です。だからこそ「八方よし」の経営では「人」だけでなく、自然環境もステークホルダーと考え、持続可能な資本主義を目指さなければなりません。

現在、「環境に配慮した経営」は、半ば常識となってさまざまな企業に共有されています。それはもちろん、いいことです。ただ多くの企業では、いまだ環境対策は負担しなければいけない「コスト」と捉えられています。そのため、なかなか経済的価値と社会的価値を両立することができません。

しかし、革新的な環境技術そのものをビジネスにしようとする企業も少しずつ増えてきています。そして、そういった企業の多くが直面する課題が「ビジネスモデルの確立」です。技術はあるものの、それをビジネスとして軌道に乗せることができない。これは環境という分野だけでなく、社会的課題を扱う企業全般に見られる傾向といえるかもしれません。

そのなかにあって、日本環境設計というリサイクル会社のビジネスモデルはずば抜けて優れています。

日本環境設計の技術は、コットンからバイオエタノールを、プラスチックから再生油を、着古したポリエステルからまったく新しいポリエステル繊維を、といった具合に、使わなくなったものを「燃料」や「原料」に戻すというものです。ボタンがついている服でも、プラントに放り込むだけで見事に再資源化されてしまいます。

しかし、日本環境設計のすごさは、その先のビジネスモデルにあります。

リサイクルを事業化するためには、「集める」仕組みをつくらなければなりません。ところが、みなさんもご存じのように、リサイクルを促すのはそう簡単ではありません。とくに難しいのが、市民が負担を感じることなくリサイクルを継続できる仕組みづくりでした。

日本環境設計の岩元美智彦会長は、この難題に対して、じつに冴えた仕組みをつくりあげました。イトーヨーカドーやイオンなどの大手スーパーやパタゴニアなどのアパレル店、良品計画などの生活雑貨店など、日本の小売店の大多数をつないで一大連合をつくりあげ、それぞれの店舗への回収ボックスの設置を実現したのです。

これにより、古着やプラスチック製品を「買い物のついで」に持ち込む仕組みが構築されます。消費者が使わなくなったものを持ち込むことで来店客数は増え、店の売上が上がることがデータからも実証されているため、企業にとっては環境活動に貢献しつつ、売上を向上させることができます。

そうして「顧客」と「小売」を押さえた後、「メーカー」にはリサイクルされた素材を用いた製品であることを示すマークがついた製品を製造してもらう。「顧客」はそのマークのついた商品を買い、また店頭に持ちこむ。

いつのまにか、原材料→製造→小売→顧客→原材料→製造……とつながる循環型のエコシステ

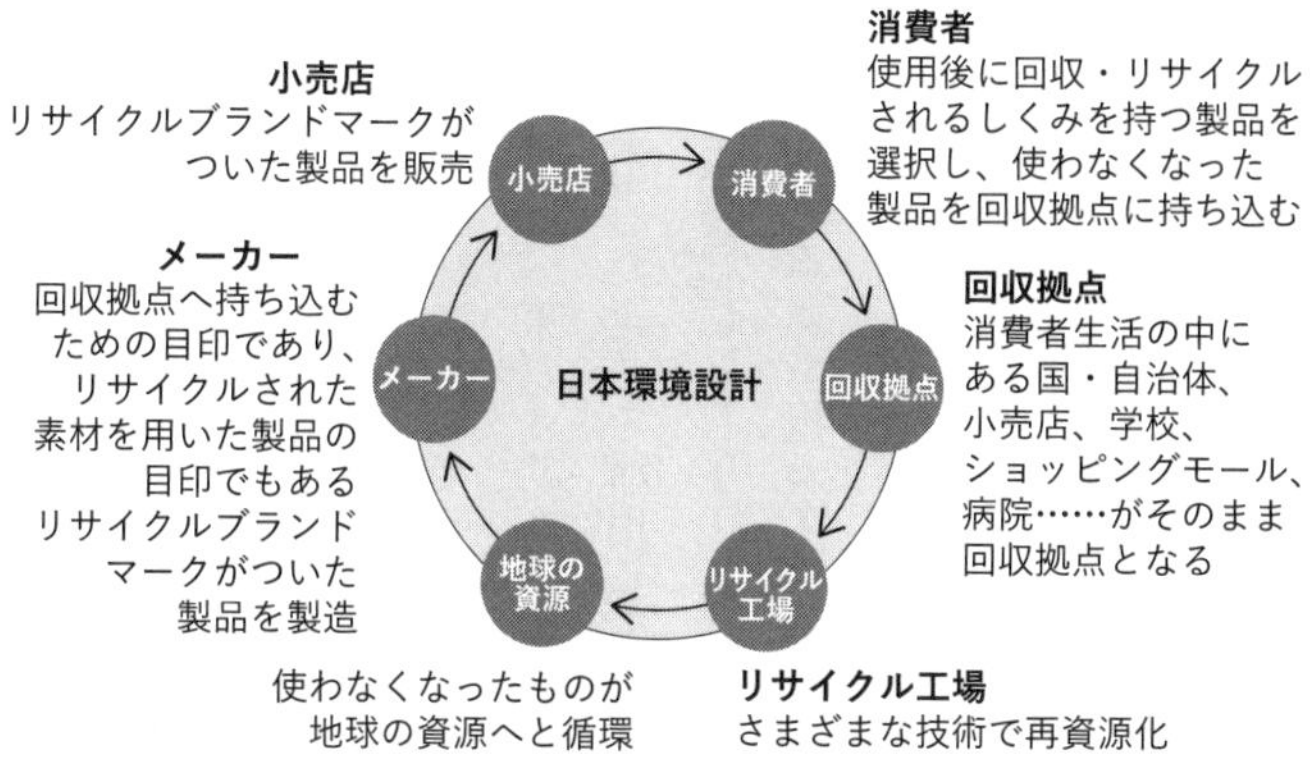
小売店
リサイクルブランドマークがついた製品を販売
消費者
使用後に回収・リサイクルされるしくみを持つ製品を選択し、使わなくなった製品を回収拠点に持ち込む
回収拠点
消費者生活の中にある国・自治体、小売店、学校、ショッピングモール、病院……がそのまま回収拠点となる
リサイクル工場
さまざまな技術で再資源化
使わなくなったものが地球の資源へと循環
メーカー
回収拠点へ持ち込むための目印であり、リサイクルされた素材を用いた製品の目印でもあるリサイクルブランドマークがついた製品を製造
小売店
消費者
回収拠点
リサイクル工場
地球の資源
メーカー
日本環境設計

出所：『「捨てない未来」はこのビジネスから生まれる』（ダイヤモンド社、2015年）より、一部編集

図13　日本環境設計の優れたビジネスモデル

ムの完成です。

原料である「家庭のゴミ」をタダで仕入れられるのですから、他社はなかなか太刀打ちできません（図13）。

環境問題に積極的に取り組むパタゴニアやスターバックスも、この取り組みに賛同しています。そして、２０１１年の開始当初から環境省も実証事業としてバックアップし、参加する企業もうなぎのぼりに増えている。

これからがますます楽しみです。

一企業が本気で戦争をなくそうとしている

最近、同社にとって有望なふたつの大きなニュースが飛び込んできました。

ひとつは、東京オリンピック・パラリンピックのメダルを、使用済みのスマートフォンなどから取り出した資源を活用して制作するプランが発表されたことです。

選定事業社にはＮＴＴドコモが名を連ねています。日本環境設計は同社の使用済み携帯電話のリサイクル事業を担っているため、メダル制作においてもその技術を活かした貢献が期待されることになりそうです。

もうひとつのニュースは、日本環境設計と日本航空、そしてグリーンアースインスティテュートが組んで、古着を原料とした航空機燃料の製造に着手するというもの。こちらも２０２０年のオリンピック・イヤーに試験運転を目指すといいます。

この勢いで同社のリサイクル事業がさらに普及すれば、リサイクルにより国内のプラスチック生産がほぼ賄えるようになります。なによりもごみの山が宝の山に代わります。が、岩元会長はさらにその先の「夢」を語ります。それは「戦争をなくすこと」です。

日本環境設計では、地上にある有機物のごみのことを「地上資源」と呼んでいます。この地上資源をリサイクルすれば、地下資源は必要なくなります。

戦争や紛争の多くは、地下資源をめぐる権益争いから生じます。ですから地下資源が必要のない社会になれば、戦争はなくなる。一リサイクル企業の会長が、人類の夢を本気で実現しようとしているのです。

そのための技術はすでにあります。肝心なのは、社会全体を巻き込んでいく仕組みです。

ソーシャルビジネスは、社会的弱者に寄り添う分、ビジネスとしてうまくいかないことも多いものです。しかし、**企業は「社会的課題に取り組んでいるのだから儲からない」とあきらめてしまってはいけない**のだということを、私は日本環境設計から教わりました。

社会にいい仕組みを「ビジネス」として構築するからこそ、よりスピーディーに、大規模に、社会を巻き込んでいけます。日本環境設計の冴えたやり方は、多くの社会的課題に取り組む企業にとっての大きな希望となるでしょう。企業と社会の間にも、共通価値は見出せるのです。

八方よし
その7

「国よし」の経営

震災後の復興を支えたヤマトグループの現場力

いま、世界では「底辺への競争」と呼ばれる法人税の値下げ合戦や、規制緩和競争が繰り広げられています。その根底にあるのは、税や規制に対する企業のコスト意識です。ここでも「お金=リターン」という定義のもと、国と企業の間に利益相反が生じています。これもまた、価格選好のひとつの形です。

企業が安定した経営を継続するためには、国家の秩序が安定していることが不可欠です。治安が悪化した地域では、経済活動をスムーズに行うことはできません。

ですから、企業が税金から逃れるために本社を別の国や地域に移すようなことをすれば、際限なき税の値下げ競争が始まり、やがては経済活動の基盤となる社会そのものを破壊することになります。

よりよい資本主義に変えていくためには、発想を逆転する必要があります。

コストの安い「底辺」を探し歩くのではなく、ステークホルダーである地域社会、国が抱える社会的課題を、企業が解決する。それは結果的に、人々の幸福な暮らしにつながり、信頼という「見えざる資産」となって企業へ返ってきます。

同時に、こうした社会的課題への真摯な取り組みは、個人だけではなく国家さえも応援団にしてしまいます。

その典型的な事例が、東日本大震災のときのヤマトグループ（以下、ヤマト）の寄付活動です。

宅急便を運営するヤマトは、じつに不思議な企業です。社員数は約20万人。ここまで企業が大きくなると、通常「いい会社」であり続けることは難しくなります。というのも、組織が大きく

自衛隊と協力して物資を輸送するヤマトの社員たち

なるほど、理念が社員の一人ひとりに浸透しづらくなるからです。

でもヤマトは違います。「地域のために」を合言葉に、現場の社員一人ひとりが地域に寄り添っている。その「現場力」を痛感したのが、東日本大震災のときの社員たちの行動でした。

震災直後、ヤマトは、現場の社員が自らの判断で配達と給油を行い、ガソリン不足の中、次々と送られてくる救援物資の配達を続けました。宅急便ではない荷物を会社所有のトラックを使って運ぶのですから、業務命令違反ととられてもおかしくありません。しかも、当時は路面が崩れていた可能性も十分あり、危険性も高かった。本社が現場の社員に配達を止めさせたとしても、やむをえない状況です。

しかし、本社がとった行動はその逆でした。現場の社員の行動を知った本社は、これを全社的な活動に広げるため直ちに「救援物資輸送協力隊」を組成したのです。

社員が自主的にしていることであれば、もし事故が起こったとしても、労働中ではないため労災にもなりません。だから、本社は現場社員の救援物資の配達を明確に「業務」と位置づけ、自衛隊と協力する形で物資輸送を続けたのでした。

ふつう、現場の自発性は企業が大きくなるほど保ちづらくなります。しかし、ヤマトは社員数約20万人もの大企業でありながら、現場と本社がこれだけ柔軟に支え合っている。管理ではなく信頼によるマネジメントが徹底されていることを、よく示すエピソードでした。

政府をも動かした「志」と「信頼」

本題に入ります。

東北地方太平洋沖地震発生後、ヤマトは早々に宅急便1個につき、10円の寄付を決めました。2011年度の取扱個数が約14・2億個でしたので、約142億円もの金額を寄付することになったのです。これは、ヤマトの年間純利益のじつに4割にあたる額です。

問題は、この寄付金をどう使うかでした。大きな額であるからこそ、その寄付の方法、使い道には慎重にならねばなりません。

ヤマトとしては、農業や水産業の再生、学校や病院といった生活基盤の復旧など、使途を明確に決めて使ってもらいたいという想いがありました。

ところが税制上、ヤマトホールディングスが水産業や農業の団体に直接寄付をすると、課税対象になってしまいます。そうなると、せっかくの142億円全額を被災地のために使えなくなる。一方日本赤十字に寄付すれば、非課税にはなるものの、どこにいくら使われたのかがわからず、株主にも説明ができないという問題がありました。

そこで木川眞社長（当時、現会長）は、財務省に「非課税に向けた特例扱いをすることはできないか」と交渉することにしたのです。

当初は、ヤマトの志は理解してもらえたものの、税法を変えることはできないという回答でした。常識的に考えれば、そうでしょう。ここで例外を認めてしまえば、他の企業が悪用するかもしれない。財務省の言い分もわかります。

ところが粘り強く交渉するうちに、各方面のヤマトファンから「ヤマトのやろうとしていることを認めてあげてもいいんじゃないか」という応援の声が届き始めました。

そしてついに、寄付のスキームを工夫することで、非課税扱いになったのです。

具体的には、ヤマトが直接寄付するのではなく、宅急便の生みの親である小倉昌男さんがつくった「ヤマト福祉財団」という公益財団法人に一旦寄付する。ヤマト福祉財団は、ヤマトだけではなく広く一般からも寄付を募り、有識者による第三者委員会が公平に選んだ助成先に寄付をするという形をとりました。

ヤマトの志は、財務省をも味方にしてしまったのです。

寄付金のもうひとつのハードルは機関投資家でした。

１４２億円という数字は、ヤマトの年間純利益のじつに4割にあたる額です。当然、一部の株主からは反発が予想されました。株主からすれば、それだけ自分たちの配当が減ることになるからです。

２０１１年5月2日。ヤマトは、国内の投資家説明会を開催し、被災地への寄付について説明しました。私もその場にいて、無事に会が終わることを願いつつ、成り行きを見守っていました。

しかし、その心配は不要だったようです。

「我々は東北に育てていただいた[23]、その恩を返すだけだ」

そう木川社長が言うと会場全体が静まり返り、誰一人として質問すらできませんでした。あまりにも凄みがあって、いま思い出しても鳥肌が立つような瞬間でした。

しかし、まだ危機は終わりません。当時、ヤマトの株の約3割はヘッジファンドを含む外国人投資家が保有していました。場合によっては外国人株主を中心に株主代表訴訟を起こされる恐れもあります。

ところが、木川社長がアメリカに飛び主要機関投資家に説明したところ、なんとすべての投資家から寄付を強く支持されたそうです。それどころか、ある機関投資家からは思いもよらぬ発言が飛び出しました。

「この素晴らしい決定に反対するやつがいたら、自分が説得する」

投資家も変わってきたのかもしれない――。私は木川社長から直々にこのエピソードを聞いたとき、時代の変化を感じずにはいられませんでした。

八方よし
その8

「経営者よし」の経営

企業は経営者のものではない

「八方よし」に経営者が入っていることを不思議に思われる方もいたかもしれません。意思決定をするのは経営者自身なのだから「経営者よし」になるのは当たり前ではないか、と。

[23] 震災で被害を受けた東北地方には農産物や水産物を生産する拠点が多く、ヤマトにとっては「クール宅急便」を大きく育ててくれた地域だ、という想いがあったそうです

しかし、そうではありません。なぜなら、**企業は経営者のものではない**からです。

私はここまで何度か「社会の公器」という言葉を使ってきました。「公器」とは、「公」という文字が意味するとおり、誰にも所有されません。**経営者もまた、社員や取引先、社会などと同じひとつのステークホルダーにすぎない**のです。

では、経営者のものではないとしたら、企業とはいったい何なのか。一言でいえば、企業とは「理念」そのものです。

理念は、存在意義と言い換えてもいいでしょう。何のために存在する企業なのか。事業を通じて、どのような社会をつくりあげたいのか。

私たちも、鎌倉投信を立ち上げるとき、自分たちの存在意義を徹底的に考え抜き、「投資はまごころであり、金融はまごころの循環である」という投資哲学を打ち立てました。

私は投資責任者であって経営者ではありませんが、理念が貫かれるのであれば自らのポジションを他の人に譲ってもいいと、本気で思っています。理念さえ残れば、鎌倉投信は私がいなくとも「社会の公器」としての役割を全うできるからです。

経営者とは、単なる役割にすぎません。その役割とは、企業の理念を形にすること。そして、

企業がすべてのステークホルダーと共通価値を生み出せるように導くことです。経営者はそのために企業に対して影響を及ぼす権限は持っていますが、私物化したり、一体化したりする権限は持っていないのです。

企業を「社会の公器」と位置づけるとき、私は日本企業に大きなアドバンテージを感じます。日本には、１００年を超える老舗企業が欧米に比べたくさんあります。そして、どの会社も決まって、代々続く「屋号」を大切にし、信用の基礎としてきました。

屋号を前面に打ち出し、次の世代へと引き継ぐことを重んじる。経営者が、企業を自分の私物ではなく、預かり物だと考える。

「屋号」にしても「三方よし」にしても、どうも私には日本的経営にもともと持続可能性を重視する側面が備わっているように思えてならないのです。

誰も犠牲にしない「脱コスト化」の経営

ここまで、社員、取引先・債権者、株主、顧客、地域、社会、国、経営者という八者のステークホルダーごとに、利益相反を解消し共通価値を見いだす経営のあり方を見てきました。

すでにみなさんはお気づきかと思いますが、事例としてご紹介した企業は、「社員よし」だけ、「株主よし」だけの経営をしているのではありません。ここで挙げた企業はみな私が実際に訪れ、この目で見て確かめた「八方よし」の「いい会社」ばかりです。ただ、説明の都合上、それぞれのステークホルダーとの関係づくりに特化する形でご紹介させていただきました。

彼らに共通するのは、**いままで「コスト」だと思われていたものを「つながり」により「コスト」ではなくすという発想の転換**です。「いい会社」にとっては社員の人件費も、取引先への支払いも、株主への配当も、コストではなく、「付加価値の分配」になります。顧客も、つながりを感じた企業に対しては、出費を単なるコストだとは考えません。また、「いい会社」は地域、社会、国に対しても喜んで利益を還元します。企業は独立して存在するものではなく、企業の「外」とのつながりのもとに成り立っていることを自覚しているからです。

すべてを「コスト」と捉え極限まで切り詰めようとするのは、短期的最適化を追い求める、間違った発想です。

もし社会の長期的な最適化を目指すなら、「コスト」の発想から抜け出し、長く関係を築いてくれる「ファン」による生態系がつくらなければなりません。そのときはじめて企業は、本当の意味で社会の公器となるのです。

本章でご覧頂いたとおり、「いい会社」は、世の中にすでにたくさん存在します。ただ、残念ながらまだ社会のマジョリティを占めるには至っていません。どうすれば、もっと「いい会社」がふえるのか。「点」ではなく、「面」へと広げていくことができるのか。

私は、金融こそが重要な役割を果たすのではないかと思っています。資本主義を司るお金が「いい会社」に適切に巡るようにするために、金融にはもっと、できることがあるはずです。次章では、持続可能な資本主義をつくるための金融の役割について、あらためて考えてみたいと思います。

第4章

金融だから生み出せる信頼のレバレッジ

お金の暴走を止めるだけでは本質的な解決にならない

2008年のリーマン・ショック以降、金融に対する社会的信頼は、落ちるところまで落ちてしまいました。

金融経済は実物経済から大きくかけ離れ、投機的なマネーゲームや超高速取引が横行している。お金持ちは投資によってさらに資産を増やす一方、中間層の賃金は減っていき、正社員は非正規雇用に置き換えられていく。いくら「いい会社」がふえたところで、金融資本主義がまかりとおっているかぎり、格差や貧困は拡大してしまうのではないか――。資本主義に対して、このような悲観的な将来像を描く人が増えているように感じます。

しかし、それならなおさら、歪んでしまった金融の世界を手当てしなければなりません。

たとえば、金融取引への課税や資産課税の導入を提唱する経済学者やエコノミストがいます。これらは、お金の過剰な暴走にブレーキをかけようという発想です。

お金の暴走を許せば、またバブルが繰り返されるかもしれない。その意味では、お金にブレーキをかける仕組みは大切です。

しかし、それだけではお金の暴走は止められても、金融が本来持っているはずの役割を回復することはできません。

金融は「社会の血液」にたとえられます。血のめぐりが悪くなると健康を損ねてしまうのと同じように、お金のめぐりが悪いと経済活動は滞ってしまいます。

お金を悪者にするだけでは、望ましい社会をつくっていくための本質的な解決にはならないのです。

レバレッジをかけるべきは、お金ではなく信頼

では、金融が本来担うべき役割とは何でしょうか。

一般的に、金融には「信用創造」の機能があるといわれます。

たとえば、私が10万円を銀行に預け、銀行がそのうちの5万円を誰かに融資すると、10万円の現金は、15万円分の働きをするようになります。このようにお金の貸し借りを繰り返し、お金の働きを拡大させていくことを「信用創造」といいます。つまり金融には、お金の流れを加速させて、お金の働きを拡大させる機能があるのです。

でも、この信用創造は使い方次第では、社会の安定を損ねることにもなってしまいます。「お金がお金を生む」仕組みが、投機的なマネーゲームを引き起こしてしまうからです。

金融の世界では「レバレッジをかける」という言い方があり、これは金融の仕組み[24]を利用して、元になる資金の何倍もの取引をすることを意味します。レバレッジをかけて儲かれば、手元のお金を何倍にも増やすことができる。血液なのだから適切な速度で循環させなければならないのに、現在の金融はレバレッジによってひたすら流れを加速することだけを求めてしまっているわけです。

こうして見ると、いまの金融が抱える問題がはっきりとわかります。それは**信用創造やレバレッジのなかに、人間的な関係が欠如している**ことです。

社会とは、人間同士の関係で成り立っています。それなのに、社会の血液である金融が人間関係を無視するならば、社会のさまざまな人間関係が壊れていくのも当然です。それが第1章で説明した「分断」の本質です。

金融が「社会の血液」であることを自負するのであれば、本当の役割は、人間同士の関係を創造していくこと、つまり「信頼」を創造していくことであるはずです。だからこそ私たち鎌倉投信では、顔の見える直接的な関係を重視するのです。

自分の目で確かめ、信頼する。その信頼している人が信頼している人を信頼し、投資先の取引先をもまた信頼する。つまり**お金ではなく、信頼のレバレッジをかけることで、信頼を拡大させていく役割を担うのが、私たちの考える金融のあるべき姿**です。

そこでこの章では、私たち鎌倉投信がどのように信頼を創造しているかをご紹介し、金融のあり方を考え直す契機としたいと思います。

[24]　一定額の証拠金を先に納めることで、その何倍も大きな金額の取引を行うことができる仕組みをレバレッジといいます。証拠金以上の損失が出そうになると強制的にこの証拠金が没収され、それ以上の損失が出ないようになっています

「いい会社」の生態系をつくり、社会的価値を最大化する

第1章で、鎌倉投信は毎年「受益者総会®」を開き、また受益者の方たちと企業を訪問するなど、受益者と投資先がつながる「場」をつくっていることをご説明しました。しかし、金融がつなげるのは、投資家と投資先だけではありません。鎌倉投信では、投資先の企業同士がつながることも珍しくありません。

たとえば「結い 2101」の投資先のひとつに、株式会社トビムシがあります。

トビムシは、森林再生と地域再生を同時におこなう事業を展開している企業です。地域の森林を育て、木を切り加工し、マーケティングをもとに販売まで手がけています。

岡山県西粟倉村では、森林を効率的に管理し持続可能な林業を続けていくために、国内初の森林・林業支援の投資事業組合ファンド「共有の森ファンド」をつくり、高性能林業機械の購入などの初期投資に必要な資金の調達を実現しました。

このトビムシが岡山県西粟倉村で行っている木工加工の売上のうちおよそ3割は、「結い 21

01」の投資先で保育事業を展開して待機児童問題の解消に取り組む企業による購入分が占めています。保育園をつくるときに使う木材の一部を、このトビムシの主たる子会社から調達しているのです。

他にも、ここでは掲載していませんが「結い 2101」の投資先同士ではマッチングがいくつも生まれています。なぜ、「いい会社」同士ではマッチングが起こりやすいのでしょうか。

「いい会社」、つまり社会性の高い企業ほど、取引先の社会性が高いかどうかを重視します。しかし、社会性の高さは外から見てもなかなかわかりません。だからこそ、鎌倉投信の存在が重要になるのです。もし「同じ『結い 2101』の投資先なら『よりよい社会をつくりたい』という価値観を共有しているはずだ」という信頼があれば、企業は安心してつながることができます。

「資産の形成」だけを考えるなら、利益さえ出ればどの企業とどの企業がつながっても問題ありません。しかし、**私たちが目指すのは「社会の形成」も含めたリターンの最大化**です。だから私たちにとって、投資先の「いい会社」が別の「いい会社」とつながり、お互いの社会的価値を最大化していくのは、このうえなく嬉しいことなのです。

このマッチングは、投資先から鎌倉投信が信頼されないことには成立しません。鎌倉投信への信頼をもとに、新たな信頼が生まれる。そして、社会的価値が最大化されていく。これが、信頼のレバレッジの意味するところです。

ベンチャーを短期上場の圧力から守るために

私たちの投資スタイルは、受益者からの信頼をベースにして成り立っています。このモデルが生みだす大きなメリットは、まだ利益を出すことができないベンチャー企業を応援できることにあります。

ベンチャー企業の支援で真っ先に思い浮かぶのは、ベンチャー・キャピタルでしょう。でも、多くのベンチャー・キャピタルの目的はキャピタルゲイン（株式などの資産価格の上昇により得られる利益）ですから、儲かりそうなベンチャー企業の株式に投資して、上場したらすぐ売ってしまう。その意味で、ベンチャー企業にとって「上場」は決してプラスばかりではありません。

どうしても短期的な利益を求める投資家に、経営が左右されてしまうからです。それに、利益を出すのに時間がかかる社会的企業であれば、そもそも投資を受けられもしないでしょう。

他にも、クラウドファンディングのように、金融機関を経由せず、小さな企業が個人から直接お金を集める仕組みは少しずつ普及しています。クラウドファンディングにはいい面もたくさんありますが、ベンチャー企業が経営を持続させていくような大きな金額を調達することはまだまだ難しいのが現実です。

そんななか、鎌倉投信は新たな選択肢を提示しました。私たちは「投資信託」という公募型[25]の商品を販売し、さまざまな「いい会社」を組み合わせ投資リスクを小さくすることで、ベンチャー企業へ投資をしています。たとえば鎌倉投信では、現在非上場の6社に投資し、その金額はおよそ10億円となりました。

株式市場全体から見れば、数億円というのは大した額ではないでしょう。でも、ベンチャー企業にとっては違います。その数億円が社会性の高いビジネスを確立するための命綱になるかもしれません。

にもかかわらず、**現在の金融市場では、社会的なベンチャー企業が安心して数億円を調達できる機会があまりにも少ない**のです。

[25]　不特定多数の投資家が投資できるものを公募投資信託といいます。逆に、適格機関投資家や特定の少数の投資家向けに募集するものは、私募投資信託と呼ばれます

信頼のレバレッジをきかせれば、それが可能になります。

先ほど紹介したトビムシに鎌倉投信が投資したのも、まだ利益が出ていない時期でした。通常、赤字企業にすぐに回収（売却や償還）できないスキーム[26]で投資しているというと、多くの投資家はそのファンドを保有することをためらいますし、同業の金融機関は「鎌倉投信は頭がおかしくなった」と考えるでしょう。しかし、鎌倉投信は信頼をもとに投資します。

私は投資先となる経営者にお会いするとき、売上や利益率といった数字の話はほとんどしません。はじめてトビムシの竹本社長とお会いしたときは、林業の構造、林業再生の課題、ビジネス化へのハードルなどについて、5時間にわたってお話をしました。

当時トビムシは創業して間もなかったため、竹本社長も、資金繰りの際は何度も門前払いを食らったことでしょう。世の金融機関にとって、ビジネスの社会的意義は二の次なのです。でも私は、経営者に資質があれば、数字はついてくると考えています。もちろんボランティアでは続きませんので、長期的には売上も利益も大切です。でも短期的には、数字に一喜一憂するべきではありません。

最終的に、「結い　２１０１」は赤字のトビムシに累計で2億円（２０１6年12月時点）を投資しています。

後日、竹本さんは、こう言ってくれました。

「多くの金融機関は、危機を乗り越えたあとにお金を入れる。でも鎌倉投信さん（の「結い 2101」）は、危機を乗り越えるためのお金を入れてくれた」

2013年、ようやくトビムシの主たる子会社が黒字化したことが「受益者総会®」で告げられたとき、会場からはたくさんの拍手が贈られました。

赤字企業でも「いい会社」だから応援する。これが信頼のレバレッジがもつ力です。

さらに、最近では私たちが予想もしなかったような不思議な現象が起き始めました。たとえ赤字企業でも鎌倉投信が「結い 2101」で投資している企業だと伝わると、金融機関は「非上場だけどいい会社なんだ」と反応するのだそうです。つまり、鎌倉投信の投資実績が、他の金融機関に対する「与信」のように扱われている。

鎌倉投信がつくる信頼のレバレッジは、他の金融機関にも影響を及ぼし、新しい信用を生んでいるのです。

---

[26]　すぐに換金できない、と理解していただければけっこうです

主観だから生まれる「見えない格付け」

第1章でも述べましたが、CSRのように、企業の社会性を点数化して順位づけすることに私が抵抗を覚える根底には、格付けに対する不信があります。

たとえば、多くのメディアが実施しているCSR調査を見ると、CSRの専門部署を置いているかどうか、専門の担当役員がいるかどうかを尋ねています。要するに、CSR専門の部署や役員を欠いていると、それだけでマイナス評価になってしまうのです。そうなると、結局、高い得点を得るためにCSRの部署をつくるような本末転倒なことが行われるようになります。

企業は社会的責任を担わねばならないというCSRの趣旨には、まったく異存ありません。でも、それが得点や数値として評価される傾向が強まると、CSRは試験勉強のように「そのために対策をするもの」になりかねないのです。

鎌倉投信は、投資先を格付けではなく「主観」によって選んでいます。

業績や指標はもちろん見ますが、あくまで参考程度です。それよりも、各企業を直接訪ね、会社の「素」の姿を見て投資するかどうかを判断します。「お化粧」なしの姿を見るために、身分を明かさずに会社のイベントに参加したり、社長がいないときにあえて会社を訪ねたりしたこともありました。

人と人とのつながりや信頼、企業の文化といった「見えざる資産」は数値化できない、極めて主観的なものです。しかし私は、これからの金融において主観はますます重要になると考えています。

ある投資先は、あるメガバンクから、「鎌倉投信さん（のファンド）から（投資が）入っているんですね、よかったですね」と言われたそうです。「結い　2101」が投資する企業は信用できる企業、という「見えない格付け」ができつつある。**鎌倉投信の目利きは主観的なものですが、だからこそ、格付けが機能しなくなりつつある金融の世界で「新たなスタンダード」になる可能性もある**のです。

これまで金融は、お金という目に見えるもの、数値化できるもの「だけ」を大切にしてきました。でも、数値化できるお金を追い求めることが、ときとして数値化できない社会全体のストックをすり減らしてしまうことに、人々は少しずつ気づき始めています。

リターンの定義を見直し、**「社会性」という数値化できないものを、数値化しないままに大切にする。**そのために、お金の受け手（企業）とも出し手（預金者・投資家）ともつながり、顔の見える関係を築いていく。その積み重ねの先にしか、金融がリーマン・ショックで失った信頼を取り戻す方法はないのではないでしょうか。

お金を「社会の血液」にたとえるなら、金融は何より重要な「社会の心臓」です。私たちが暮らすこの社会をよりよいものにするためには、「社会の心臓」である金融が人々からもう一度信頼されなければなりません。そして金融が信頼されるためには、まず金融の世界で働く人が率先して、企業を、投資家を、信頼しなければならないのです。

終　章　資本主義の未来は「個人」がつくる

私たちは今日も働いて給料をもらい、生活を営んでいます。この暮らしの基盤である資本主義を全否定し、急にやめてしまうことはできません。

しかし、既存の効率だけを追い求める資本主義は息切れしてしまっている。だからこそ、その代案となる持続可能な資本主義が必要とされています。

本書では、その代案として「いい会社」の取り組みや鎌倉投信のチャレンジを紹介してきました。終章ではもう少し視野を広げて、この先企業やＮＰＯが社会の中でどんな役割を果たしていくべきなのか、また私たち一人ひとりに何ができるのか、考えてみたいと思います。

なぜ、サイボウズは利益を出さないと公言するのか？

資本主義のこれからを展望するうえで、私はサイボウズとアマゾンの経営に注目しています。というのは、両者の利益に対する基本姿勢にはいまの資本主義をアップデートするうえで大きなヒントが含まれているように感じるからです。

両社はいずれも、利益を上げることを目標にしていません。利益よりも再投資を優先して、事業やサービスの拡充を図っています。

アマゾンの方針はCEOジェフ・ベゾス氏の「すべては長期のためだ（It's All About the Long Term）」という一言に集約されています。どれだけ売上が上がりキャッシュが入ってきても、すべて長期を見据えて再投資に回す。そのため、株主への配当は基本的にゼロです。

しかし、決済、物流、小売に至るまで寡占状態をつくることで、「将来的には必ず儲かる」と株主が納得せざるをえない状態をつくり出しています。

また、利益を抑えることで、国に対しての税金の支払いも少なくできる。理論上は、ステークホルダーに利益を分配しないまま、どこまでも成長できてしまうのです。ここにアマゾンの新しさがあります。

ただし、「顧客第一主義」を掲げるアマゾンは国や取引先など他のステークホルダーとは利益相反の関係にあり、「八方よし」ではありません。この点では、ややオールドスタイルな企業といえます。

一方、日本のサイボウズという企業はさらに先をいっています。

サイボウズは、グループウェアという人々の「働きやすさ」を高めるウェブサービスをつくる企業です[27]。

青野慶久社長は、公の場で株主に対して「利益を出さない」と宣言してきました。彼らもまた、利益を再投資に回すことを目指している。しかし、アマゾンと決定的に違う点があります。**サイボウズは自社のためではなく、社会のためになる活動に利益を再投資している**のです[28]。

サイボウズの姿勢は、見方を変えれば国に対する「不信任」ともとれます。本来なら国が徴収し、再分配するはずの税金を「自分たちのほうが社会のために有効に活用できる」と考え、投資という形で実践しているのですから。

サイボウズの方針は、株主の間にも議論を巻き起こしました。利益を出さないというのですから、当然一部の株主からは反発が生じます。それでいい、と青野社長は公言しました。自分たちの方針に共感してくれる人だけが投資してくれれば、株価が下がってもかまわないというのです。

サイボウズは「株価だけで選ぶのはやめてくれ」と投資家にメッセージを投げかけているように見えます。**株主が企業を選ぶだけでなく、企業もまた株主を選ぶ時代になってきている**のです。

日本の「働きづらさ」という社会的課題を事業を通じて解決するだけでなく、事業で得た利益までをも継続的に投資していく。株価だけで選ばれないことを積極的に選び、そのメッセージに共感するファン株主を増やしている。サイボウズは、フロー偏重、株主偏重の資本主義とは違う方向に歩き出しました。社会のなかで今後どういう役割を担っていくのか、楽しみな企業です。

企業が社会をつくる時代へ

サイボウズはかなり先進的な事例ですが、これからの時代、企業が社会的課題の解決においてより重要な役割を果たしていくことは間違いないでしょう。理由は簡単です。もう国や自治体には、社会的課題のすべてに対応できるような財政基盤がないからです。国や自治体の財政はますます厳しくなっています。そのため企業が、国や自治体に代わって、社会基盤を担う必要が高まっているのです。

第3章ではその実例の一部をご紹介しました。資源のリサイクルそのものを事業化した日本環境設計、林業を通じて地域活性化

[27]　サイボウズが「働きやすさ」を高めるウェブサービスを手がけるのは、サイボウズ自身が以前は働き方について問題を抱えていたからです。青野慶久さんが社長になった2006年当時、サイボウズでは土日出勤、深夜残業が当たり前で、離職率は28%。そこで青野社長は、育児休暇や働く時間を選択できる制度などを次々と導入し、IT業界ではきわめて珍しい4%という低離職率、約4割という高い女性社員比率を実現しました

[28]　具体的には、ワーキングマザーの現実を伝えるムービーをつくるなどの啓蒙活動を実施しています

に貢献するトビムシ、国までも飛び越え労働問題の解決を志すマザーハウス……。また、第3章では触れられませんでしたが、ヤマト運輸は近年過疎地域での高齢者の安否確認、見守り、買物支援などの分野で数多くの自治体と提携し、社会のインフラとして活躍しています。

これまでのように「福祉やインフラ整備は国の仕事」と考えていては、社会のあちこちに綻びが生じてしまう。その意味で、「社会の公器」としての企業の存在意義は今後一層問われていくことになるはずです。

その潮流は決して日本だけのものではありません。CSRやCSVの必要性が世界的に叫ばれていることの背景にも、同じような時代認識があります。ヨーロッパのCSRも、国家では対応しきれない若者の失業問題に対する企業の取り組みに端を発するものでした。

こうした時代の流れをふまえると、持続可能な新しい資本主義を実現していくためのキープレイヤーが企業であることは間違いありません。

企業の社会性が高まるなか、ＮＰＯはいまのままではいられない

もうひとつ、プレイヤーとして忘れてはならないのがＮＰＯ（非営利団体）です。これまで、事業化が難しい社会的課題は、国や自治体のほかＮＰＯが主体となり解決に取り組んできました。ただし、**企業の役割がこれだけ拡張してきたいま、ＮＰＯもまた時代に合わせた変革を迫られています。**

私にＮＰＯのあり方を考え直すきっかけを与えてくれたのは、投資先のエフピコでした。第3章でもご紹介したように、エフピコはスーパーやコンビニなどで使用される食品トレー容器をつくる企業で、障がい者雇用率は14・56％。グループ全体で４００人近い障がい者を雇用しています。

障がい者雇用は社会的課題のなかでも企業が成果を出しづらい分野です。必要だとはわかっていても、障がい者の方を健常者の方と同じように雇い続けるのは簡単ではありません。

結果として企業に勤めるのが難しい障がい者の方の多くは、自治体や社会福祉法人が提供する「就労継続支援事業」を通じて働いています。

そのなかでも、

民間企業での雇用は難しいけれど、雇用契約に基づく就労はできる方→A型

民間企業での雇用が難しく、雇用契約に基づく就労も難しい方→B型

と雇用契約の有無によりふたつに区分され、B型は雇用契約ではないため「賃金」ではなく、活動に対しての「工賃」という形で収入が支払われています。その収入はA型で月額約7・2万円、B型では約1・3万円（2012年時点）。この数字は、障がい者の方を雇用し収益を生むことの難しさをよく物語っています。

だからこそ、私は驚きました。なんとエフピコは障がい者を全員正社員として雇用し、しかもその約4分の3は重度の障がいがある人だからです（図14）。もちろん最低賃金は当然クリア。経営としてきちんと成り立つ障がい者雇用を実践しています。

どうしたら、そんなことが可能になるのか。不思議に思った私がエフピコの特例子会社社長である且田久雄さんに直接聞いてみたところ、「成長を確信して、ただ待つだけですよ」とシンプルな答えが返ってきました。

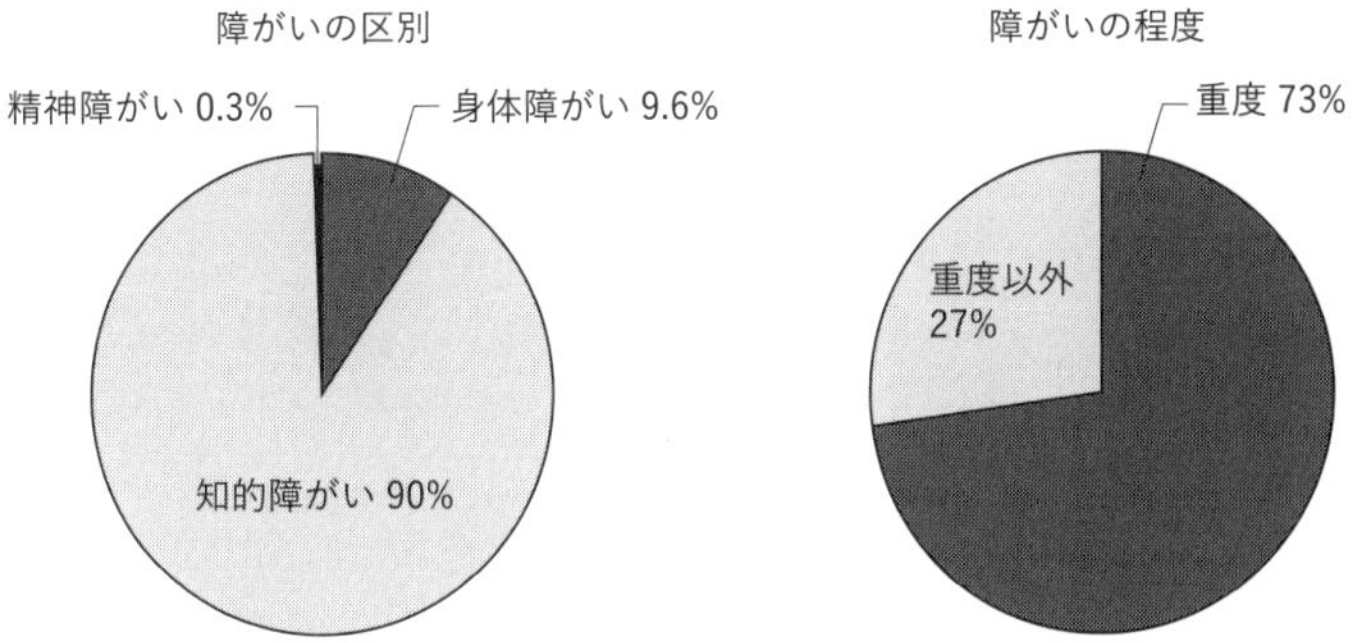

出所：株式会社エフピコホームページ

図14　エフピコグループによる障がい者雇用（2016年3月時点）

エフピコでの作業の様子

障がい者の方はすぐにはできるようにならないし、動き出すまでには時間がかかる。でも、こちらが焦って結果を求めなければ、いずれきちんと働いてくれるのだそうです。

なぜ、アメリカのNPOは職員に1千万円の年収を支払うのか?

エフピコという企業と出会い、私は、自分が思っていた以上に企業の担う役割が大きくなっていることを知りました。障がい者雇用の分野ですら、これだけ企業が存在感を示している。まだまだエフピコのような企業は少数派ですが、CSVが広がりつつある流れを考えても、社会的課題の解決を担う企業は今後、増えていくでしょう。そのとき、NPOは企業が事業化できない分野に的を絞り、付加価値を生み出している必要があります(図15)。

しかし、残念ながらその危機意識はまだまだ共有されていません。日本のNPOの多くは欧米に比べて組織規模も小さく、まだ全体的に未成熟な印象がぬぐえません。このままでは将来「い

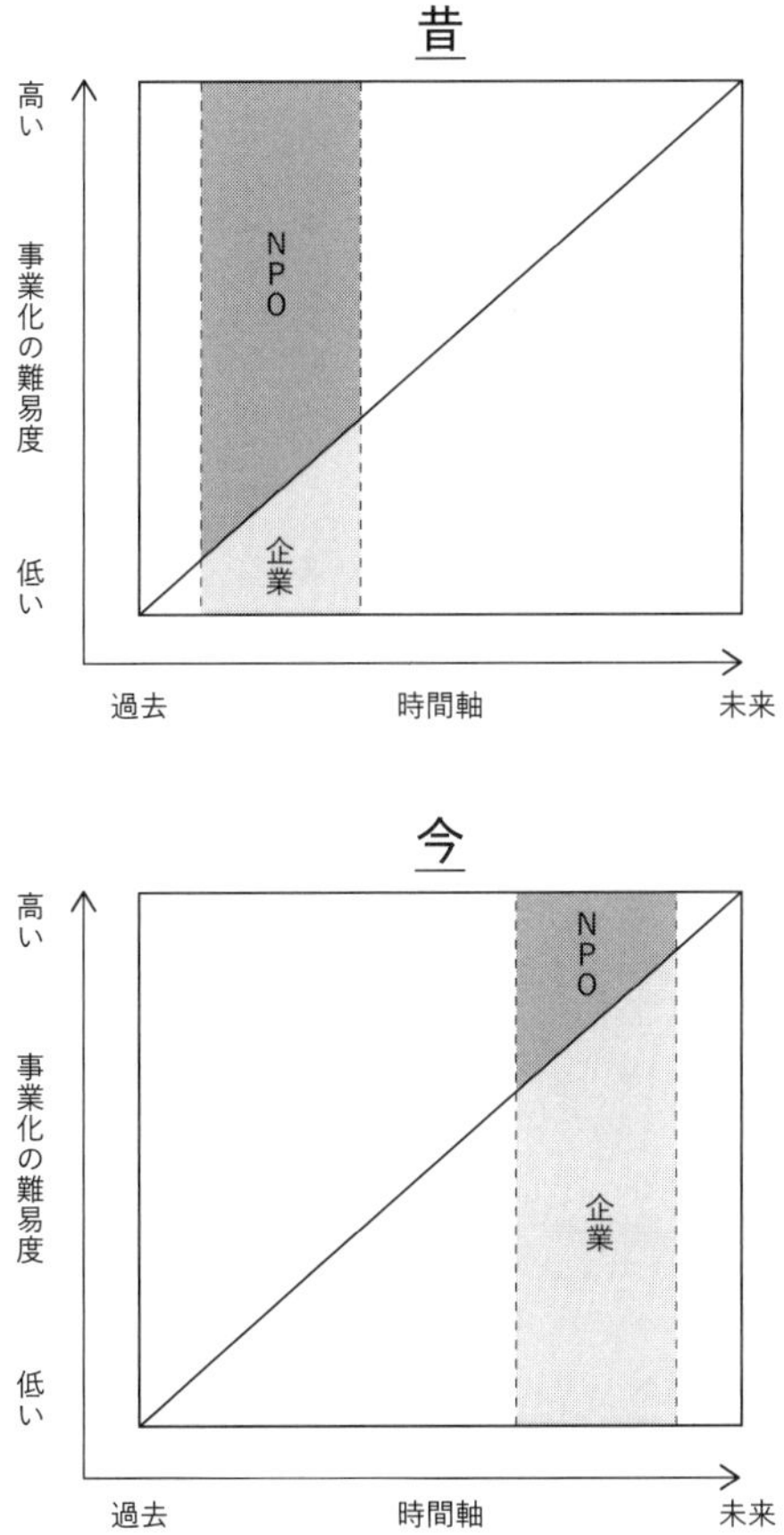

企業の担う役割が大きくなるほど、
NPO はより事業化の難易度が高い分野に特化しなければいけなくなる

図 15　企業と NPO の役割の変化

い会社」が増えても、持続可能な社会をつくることができないのです。

なぜ日本のNPOが大きな存在感を示せていないのか。それは、**活動全体や組織のあり方が「ボランティア」や「無償」という言葉に引きずられすぎてしまっている**からです。

企業であれ非営利組織であれ、お客さまからいただいたお金を使って、新たな付加価値を生み出していくという構造は変わりません。違うのは、得た利益の行く先[29]だけです。

ですからNPOであっても、持続可能な組織運営を目指すのであれば「どのような組織をつくり、どのように稼ぐか」という視点が不可欠です。ところが、日本のNPOの多くはそういった経営的な視点が欠如しています。

「慈善事業だから儲からなくて当たり前」

「いいことをしているのだから、国がもっと補助金を出すべき」

という態度が染み付いているために、「付加価値の創造」という発想がそもそもないところも少なくないのです（「付加価値」には、単純にお金に換算されないものも含みます）。

顧客から対価を受け取るビジネスの世界では顧客にそっぽを向かれたらおしまいです。しかしNPOは、顧客が評価しなくとも、補助金を支給する政府や自治体の方だけを向いていれば活動が続けられる構造になってしまっています。

アメリカでは、NPOやNGOは単なるボランティアではありません。スタッフのなかには1千万円の給料[30]をもらう人がごろごろいます。

彼らがなぜ1千万円を超える給料を得ているのか。それは、その給料に値するだけの付加価値を生み出していると、周囲が納得しているからです。

どれくらいのお金をどう使い、どんな行動を起こし、その結果どうなったのか、アメリカのNPOは常に開示して共有しています。

アメリカは日本に比べNPOの資金源に占める個人からの寄付の割合が高いため、それだけ厳しく成果が問われるのです。

[29]「NPOは利益を出してはいけない」という誤解が日本にはまだ根強く存在します。実際は、株の配当などで事業以外のことにお金を再分配することが禁止されているだけです。付加価値を生み出している社員に対して給料を払うことには、何の問題もありません

[30] NPO職員が高い給料をもらう、ということに対して「公益を目的とする趣旨に反するのではないか」というご意見をいただくことがありますが、そうではありません。きちんとした対価を払うことで優秀な人が集まり、その結果により成果が高まる、ひいては持続可能な活動となるからです

日本のNPOに「付加価値の見える化」を

日本のNPOに足りないもの、それは**「付加価値へのこだわり」と、生み出した付加価値の「見える化」**です。

じつは、私はここに鎌倉投信のモデルが活かせるのではないかと考えています。

これまで私たちは、投資信託という商品を通じて「いい会社」のリストを作り、応援してきました。そこで今度は同じように「いいNPO」のリストをつくり、「いいNPO」に資金が回る仕組みをつくりたいのです。

「いいNPO」とは「これからの日本に必要とされるNPO」つまり、「きちんと付加価値を生み出せているNPO」のことです（志は立派でも付加価値を生み出せていないNPOは、残念ながら「いいNPO」とは呼べません）。

「いいNPO」を選ぶ基準は、これまでの鎌倉投信と同じです。「八方よし」をどれだけ実現しているか、付加価値をどのぐらい生み出しているのか。「いい会社」を選ぶのと同じモノサシで、「いいＮＰＯ」を選びます。

日本のＮＰＯが活躍できない原因の根本は、その不透明さにあります。寄付をしても、どのぐらい有効に使われたのかが判然としない。そこで働いている職員の給料や労働環境も公開されていない。**透明性のないものに、人は信頼を寄せることはできない**のです。

ＮＰＯには「モノサシ」が足りない

折しも、２０１６年12月に、金融機関で10年以上放置されたお金をＮＰＯ法人のような民間の公益活動への助成や融資に充てる「休眠預金活用法」が国会で成立しました。休眠預金の額は、年間およそ５００億円にのぼります。それが公益性の高いＮＰＯ法人の支援に充てられるのは喜ばしいことです。

しかし、金額が増えても「いいＮＰＯ」かどうかが判別できない状況だと、本当に必要なところに効率よくお金が回っていきません。いまは一般市民が「いいNPO」かどうかを判断するためのモノサシがない状態なのです。

本書を通じて私は、財務諸表や社会性の数値化に対して否定的な見解を示してきました。数字だけですべてを判断するのは危険です。数字を評価基準にすることで、「その数字さえ満たせばいい」と手段が目的化してしまうことの怖さも、あらためて強調しておかなければならないでしょう。

ただ、その危険性をしっかりと理解したうえで、いまのNPOにはより数値的なモノサシを導入すべきだと私は考えています。というのも、NPOは企業に比べて極端に数値的なモノサシが少なく、バランスが悪すぎるからです。したがって、財務諸表の水準でももっと情報を公開する必要があるし、生み出した社会的価値を測るモノサシも整備していくべきでしょう。

たとえば、「社会的投資収益率」というモノサシがいま少しずつ普及しています。これは、社会的プログラムの成果を貨幣換算し、投資した額をどのぐらい有効に使ったかどうかを測るものです。こうした指標は、NPOの経営体質を見直し、持続可能な組織に改善していくきっかけになるはずです。

企業が積極的に社会的課題を解決する、いわば「NPO化」する時代[31]にあって、NPOもまた企業が求められるレベルの透明性を実現し、「企業化」することが求められているのです。鎌倉投信が「いいＮＰＯ」をリスト化し、判断基準も含めて公開すれば、「いいＮＰＯ」に対する与信機能が働きます。一般市民も「ダメなＮＰＯ」を見抜き、「いいＮＰＯ」だけを応援しやすくなる。その結果「いいＮＰＯ」には「いい会社」同様ファンが生まれます。ファンとつながった「いいＮＰＯ」は、政府、企業などのプレイヤーと力を合わせ、よりよい社会をつくっていくでしょう。

さらに、鎌倉投信がハブ役となって「いい会社」と「いいＮＰＯ」をつなげるような試みもできるかもしれません。鎌倉投信の受益者のみなさんに対しても、「いいＮＰＯ」に関心を持ち、直接、つながる機会を設ける。このようにして「いいＮＰＯ」の認知を高めていけば、より持続可能な未来をつくっていけるはずです。

受益者の方に呼びかけるだけではなく、鎌倉投信自身も積極的にＮＰＯを応援していきます。じつは一定額を超えた私たちの利益は、将来的にさまざまな形で寄付[32]しようと思っているのです。

「結い　２１０１」では、リターンを「資産の形成×社会の形成

[31]　ちなみに、鎌倉投信は資産運用会社でありながら「社会貢献事業」が当局に提出した業務方法書に「業務の範囲」として記載されている変わった企業です。鎌倉投信にとっては、文字通り社会貢献は本業なのです

[32]　ＮＰＯや地域貢献などの活動を寄付先として考えています

×心の形成」と定義しています。鎌倉投信の経営もまたそのリターンを最大化するものでありたい。そんな想いから、お客様からいただいている運用報酬の一部を寄付することに決めました。ベンチャー同様お金が回りづらいところを応援し、少しでも「社会の形成」に貢献できたなら、私たちにとってはそれが何よりの幸せだからです。

「いい会社」と「いいNPO」が車の両輪のように、互いの役割を全うしながら社会を支えていく。資本主義の未来がそんな明るい方向に向かえるように、鎌倉投信も金融という立場から役割を全うしていくつもりです。

経済成長は持続可能なのか?

資本主義の未来を考えるにあたって、もうひとつ、立ち止まって考え直してみたいことがあります。「経済成長が持続可能かどうか」です。資本主義は、無限に経済成長が続くことを前提として設計されています。しかし、本当にその前提は正しいのでしょうか。

経済成長とは、単純化していえば付加価値の合計である「GDPが右肩上がりに増えていくこと」です。そして国も企業も、経済成長こそが最優先課題であると考え、経済政策や企業戦略を立案しています。

しかし、そもそもなぜ経済成長をしなければいけないのでしょうか。

その最大の理由は、人口増加だと思います。

増えていく人口を養うためには、それだけお金もかかります。だから、国全体として経済成長をすることは必要でした。

でも、人口が横ばいであれば、経済成長をしなくても社会を維持することは可能です（もっとも、成長しないことは、付加価値がなくなることとイコールではありません。企業で考えれば、「利益がなくなる」のではなく「利益が横ばいである」ことが、成長率0％に相当します）。

日本はすでに人口減少社会に突入しています。先進国のみならず、中国のような新興国も21世紀のうちには人口減少を経験することが確実視されています。

そのときに、はたして経済成長は至上命令たりえるのでしょうか。

私はそうではないと思います。資本主義が持続することと経済成長は、イコールではありません。経済成長は人口が増加するなら必要だし、人口が横ばい以下なら必要とはかぎりません。

いやいや、そんなことはない。そもそも人口減少自体を受け入れてしまってはいけないんだ、という立場の方もいらっしゃるかもしれません。

たしかに、増え続ける社会保障費やインフラの維持費を考えれば、人口を増加させ経済成長へと突き進むべきだと考える気持ちもよくわかります。しかし、その議論もまた「無限の経済成長」と同様に「無限の人口増加」を前提とした、持続不可能なものではないでしょうか。人が増えても、地球はひとつです。人口を増やし続けることは、一国ではある程度まで可能でも、地球全体としては不可能です。

だからこそ、世界に先んじて人口減少に向かっている日本は、人口増加に頼らず一人ずつの生活の質を上げる新しい社会のモデルを世界に示さねばなりません。

極端にいえば、人口減少が続く日本では、GDPが横ばいでも、一人当たりのGDPはプラスになります。少なくとも日本という単位で見れば、今後全体としての経済成長を目指す必要はないのではないでしょうか[33]。

経営者はもう資本主義の限界を察知している

むしろ現在は、「経済成長＝善」という価値観が、資本主義の持続可能性を掘り崩してしまっています。それは本書でも繰り返し指摘してきたように、お金や利益を目的にしてしまうと、ステークホルダーとの間にある「見えざる資産」を毀損し、誰かを犠牲にしてでも儲けを追求してしまうからです。

そこで犠牲にされるのは、社員、顧客のような人間だけではありません。社会の持続可能性の基盤となる自然や環境、資源までをも犠牲にして短期的に利益を出そうとする。この方向性のまま進んでいけば、資本主義よりも前に、国家や社会が危機に陥ってしまいます。

でも、すでに変化の芽は表われ始めています。「いまの資本主義はおかしい」と疑問を感じ、単なる批判ではなく実践を通じて企業と社会のあり方を変えようとしている経営者が、少しずつ増えてきているからです。

[33]　より長期的に考えれば、GDPというフローを表す指標を、ストックを表す新しい指標に切り替えていくことを、私たちは本気で考えていかなければいけないのでしょう

第3章でも触れたように、日本を代表する企業であるトヨタの豊田章男社長は、急拡大や急成長という短期の最適化を否定し、伊那食品に倣って「年輪経営」つまり、長期の最適化を目指すと公言しています。

トヨタの豊田社長やサイボウズの青野社長は、決して例外的な存在ではありません。この本で取り上げた「いい会社」の経営者たちは、みな各ステークホルダーと共通価値をつくりあげ、「八方よし」の経営を推進しています。その流れは、強まりこそすれ、弱まることはない。これは、多くの経営者と対話を重ねてきた私の、嘘偽りのない実感です。

日本の暮らしに根付く「見えざる資産」

身内びいきをするつもりはありませんが、私は資本主義を持続可能なものに作り変えるポテンシャルがもっとも高いのは日本だと思っています。

欧米がいきすぎた資本主義への反動としてCSRやCSVを生み出したのに対し、日本では

「利益だけを追求するのは品格に欠ける」という意識が、人々の暮らしの中に根付いてきたからです。近江商人や松下幸之助の言葉にも、その価値観はよく表れています。

バブル崩壊以降、ROE経営や株主資本主義など、欧米の仕組みを取り入れたことで、日本的な「三方よし」の価値観は揺らいでしまった。しかし、いまやその欧米でもCSRやCSVの必要性が叫ばれているようになっている。そういった時代的要請を違和感なく受け止め、世界に対して範を示せるポテンシャルを、日本は秘めています。

実際、海外に行くと、日本の製品に対する信頼性はずば抜けています。そのベースにあるのは技術力への信頼ですが、私はそれ以上に日本的な「価値観」に対する信頼も存在するのではないかと考えています。

日本企業は海外に進出した工場を撤退するとき、現地社員の再就職の斡旋《あっせん》をしたり、インフラとして必要なものはそのまま残しておいたりと、現地への悪影響を最低限にとどめようとするそうです。他の国の企業はそんなことは一切考えないのだと、ある経営者から聞いたことがあります。もちろん、例外も多数存在するでしょう。しかし、こうした話をそれほど違和感なく受け入れられるところにこそ、日本人のメンタリティは表れているのではないでしょうか。

日本には、「八方よし」を実現している「いい会社」が全国に点在しています。本書でご紹介したのはそのほんの一部でしかありません。この「八方よし」のなかに、行き詰まった資本主義を打開する萌芽がある。あとは私たちが、その芽を応援によって開花させればいいだけです。

資本主義の「主権」はいつだって消費者にある

では、来るべき未来のため一人ひとりに今日からできることは何なのでしょうか。

とはいっても、資本主義は生活のすべての基盤となる巨大なプラットフォームです。自分一人ががんばってもよい方向に変えることなんてできやしない、と諦めてしまう人も少なくないでしょう。

しかし、私はそうは考えません。資本主義のベクトルを変えるのは、国家でも大企業でもなくいつも個人であり、消費者だからです。

どれだけ崇高な想いを持った企業があったとしても、資本主義の社会では消費者が受け入れないものをつくることはできません。長期を見据え、環境にいい製品を作り続ける素晴らしい企業があったとしても、誰も環境に興味を持たなければやがて潰れてしまいます。その意味で、**資本主義の行き先の決定権はいつも消費者の側にある**のです。

CSVだって、成熟した消費者が生み出したものです。

「三方よし」を見ればわかるように、事業を通じて社会的課題を解決するCSVに近い発想は、世の中にすでに存在していました。アメリカで急にCSVが唱えられだしたのは、究極的には消費者が社会的課題を事業で解決する企業に共感を寄せるようになったから、つまりCSVを掲げることが企業にとって「トク」になったからです。決して、米国政府の役人の誰かが旗を振って広めたわけではありません。

私は第1章で、フロー重視の資本主義からストック重視へと、つまり社会の短期的最適化ではなく長期的最適化を目指さなければいけない、と述べました。その主役となるのは、消費者です。新たに地下資源を使ってつくる製品を買うのではなく、すでにもう地上にあるモノを大事にする。

リメイク、アンティークなど時間が経った製品に高い価値を見出す。

家で考えれば、新築の家以外にリノベーションや古民家を選択肢に加えてみる。それらを一言でいえば、「消費型」の暮らしから、「循環型」の暮らしへの移行ということになるでしょう。

消費者が変われば産業が興り、産業が興れば投資が生まれます。投資が生まれれば、最終的には社会が変わる。結局、すべての起点は消費者なのです。そう考えれば、一人ひとりの力は決して無力ではないはずです。

「個人の応援」が社会を変える

人口減少、格差拡大、ブラック企業、少子高齢化の進展、資源の枯渇、地方の疲弊、第一次産業の荒廃、技術力の低下、後継者不足、新しい産業分野の未開拓、ストレス社会、教育水準の低下……、日本が抱える社会的課題を挙げればキリがありません。

たしかに、これからの日本は課題だらけです。多くの人がこうした現状を前に悲観的になってしまうのも、無理のない話かもしれません。

でも、私は逆です。日本人はいま世界に先駆けて、新しい課題にチャレンジをする機会に恵まれているのではないでしょうか。

これらの社会的課題は、いずれ他の国々も経験するものです。いちはやく世界共通の課題に取り組むことができる日本は、その分、新しい社会像、新しい資本主義像を世界に提示するアドバンテージを持つことになります。

その主体となるのはやはり「いい会社」や「いいＮＰＯ」、そして何より彼らを応援する「個人」です。

もう一度、「八方よし」を思い出してください。組織を育てるのは、経営者だけではありません。組織は、社員、取引先、株主、顧客、地域、社会、国も含めた「八方」みなが一緒に育てる「社会の公器」です。

先ほど私は、資本主義のベクトルを変えることができるのは消費者だと述べました。

しかし、当然ながら消費者はただの消費者ではありません。ある場面では地域住民であり、ある場面では社員であり、ある場面では投資家でもある。**私たちは知らず知らずのうちに、すでにいろんな組織のステークホルダーになっている**のです。

できることはたくさんあります。顧客として、投資家として、地域住民として「いい会社」、

「いいＮＰＯ」を応援すればいいのです。

多くの人の応援があれば、「いい会社」や「いいＮＰＯ」は経済的価値と社会的価値の両方を生み出していけます。そして彼らを応援すればするだけ、暮らしやすい社会となって、私たち一人ひとりに還元されるのです。誰も犠牲にしない持続可能な経済の仕組みは、私たちの「応援」からしか生まれません。

「いい会社」や「いいＮＰＯ」を応援し、資本主義の未来を一緒につくりあげよう。本書を読んで、そう思ってくれる読者が一人でも増えたなら、著者として何よりの喜びです。

おわりに　もう一度、「自然」な資本主義へ

余談になりますが、私は山登りが大好きです。いまも時間を見つけては、仲間と山に繰り出しています。

あるとき、登山中にとても歪んでいる木を見ました。どうやってバランスをとっているのかと思わず首をかしげたくなるような、珍妙な出で立ちです。

なぜこんな不自然な形に育ったのか。不思議に思った私がしばらく眺めていると、突然、足元を突風が吹き抜けていきました。そこはちょうど、地形の関係で強風が一方向に吹き続ける場所だったのです。

そのとき、ふと気づきました。いびつに見えた形も、その木にとってはとても「自然」なものだったのだと。私はいつのまにか、「自然とはこうあるべき」という先入観に囚われていたのです。

私は、これまで山に大事なことをふたつ教えてもらいました。

ひとつは、「自然なあり方には多様性がある」ということ。まっすぐ天に向かって生える木もあれば、強風の吹き付ける場所でしなやかに撓《たわ》んで生きる木もある。そしてそのどちらにも等しく価値があるのです。

もうひとつは、「不自然なものは必ず淘汰《とうた》されていく」ということ。当たり前ですが、山には「自然」なもののみが存在しています。木、虫、鳥、動物、キノコ……何ひとつ、自然の摂理に逆らって生きているものはありません。


人の生きる世界も同じです。たとえば、経営者が語る理念がどこか不自然な企業があったとします。大義を掲げてはいるものの、何かとってつけたような印象が残る。そういう企業は、しばらく経つとたいていは無くなってしまいます。いくら壮大なキャッチコピーで飾っても、不自然な企業は長続きしないのです。

逆に、「いい会社」は理念が明確で、地に足が着いています。そういう企業は、結果的に社内外の多くの人に支えられ長く残っていくのでしょう。

そして、自然が多様であるように、「いい会社」もまた、ひとつとして同じものはありません。それぞれに個性を保ち、多様なままで私たちの社会を支えています。

パタゴニア日本支社支社長辻井さんと登った虚空蔵山の山頂より

翻っていまの資本主義は、「自然」でしょうか。私はそうは思いません。

資本主義が追い求める効率や利益は無限です。しかし、自然界には無限なものなど存在しません。

もっと早く、もっと効率よく。無限の競争を続けるいまの資本主義は、私の目にはとても「不自然」なものに映ります。

また、すべての企業を「お金」という画一的なモノサシで評価するというのも、多様性からもっとも遠い、不自然な考え方ではないでしょうか。

早く成長する木が偉いわけではないのと同じように、早くお金を稼げる企業が偉いわけではありません。1日で1メートル伸びる竹が、100年かけてゆっくり生長する杉より価値があるとは誰も思わないでしょう。木にも企業にも、いろんなタイプがあっていいのではないでしょうか。

人生の巡り合わせとは不思議なものです。

資本主義が「自然」かどうかなんて、数字がすべてと思っていた過去の自分に話したら、笑われるかもしれません。

それでも、鎌倉投信で働くいまの方が、私は幸せです。

「お金の形成」を「社会の形成」につなげ、共感した投資家の方が「心の形成」を感じてくださる。ゆっくりと着実に、年輪のように成長する「いい会社」と、顔の見える関係でつながっている。私にとっては、いまのあり方が一番「自然」なのです。

不自然ないまの資本主義に少しずつ「八方よし」の「いい会社」を芽吹かせ、持続可能なものへと作り変えていきたい。私はこれからもこの理想の実現に力を注いでいきます。

人の都合しか考えない資本主義に永続性はない。山は私に、そう教えてくれたからです。

未来の子どもたちに素晴らしい22世紀を残そう

人にとって、利益の無限の追求は、自然ではありません。では、人にとって本当に自然なものとは何でしょうか。私は、「幸せになりたい」という欲求こそがその答えだと思います。だとすれば、人が働く場である「いい会社」の経営が大切にしていくものも満足から幸福へ、具体的には「顧客の満足」(Customer Satisfaction=CS)から「社員の満足」(Employee Satisfaction=ES)、そして「社員の幸福」(Employee Happiness=EH)へと進化していくでしょう。

近年、仕事における幸福度に大きく影響する要素として、人間関係が良好であること、つまり「チームが機能し、力を発揮できること」が重要だということがわかってきました。本書もまた、「チームの力」でなんとか形になった一冊です。いいチームに恵まれて本づくりができたことは、私にとってとても幸せなことでした。

諦めず最後まで力を貸してくれた、株式会社ディスカヴァー・トゥエンティワン取締役社長の干場弓子さん、編集者の井上慎平さん、そしてライターの斎藤哲也さんには、感謝してもしきれません。

また、いまもこうして鎌倉投信が存在できているのは、創業時からご指導いただいた法政大学大学院・坂本光司先生、慶應義塾大学商学部・中島隆信先生、監査法人双研社・貴志豊先生、人と経営研究所所長・大久保寛司さん、人とホスピタリティ研究所所長・高野登さんなど多くの方のおかげです。そして、鎌倉投信の社員、システムを支えてくださるみなさん、受託信託・収納代行のみなさん、株主のみなさん、受益者のみなさん、鎌倉の近隣のみなさん、鎌倉市役所のみなさん、役員のみなさん、そしてファンのみなさん。

いつも本当にありがとうございます。ここで名前を挙げきることはできませんが、いままで鎌倉投信にかかわってくださったすべての方に感謝します。

未来の子どもたちに「素晴らしい22世紀」を提供できますように。

２０１７年1月

著者

「R&I ファンド大賞」について

「R&I ファンド大賞」は、過去のデータに基づいたものであり、将来のパフォーマンスを保証するものではありません。当大賞は、投資の参考となる情報を提供することのみを目的としており、投資家に当該ファンドの購入、売却、保有を推奨するものではありません。また、R&I の顧客に対して提供している定性評価情報とは関係ありません。当大賞は信頼すべき情報に基づいて R&I が算出したものであり、その正確性及び完全性は必ずしも保証されていません。当大賞は、信用格付業ではなく、金融商品取引業等に関する内閣府令第 299 条第 1 項第 28 号に規定されるその他業務（信用格付業以外の業務であり、かつ、関連業務以外の業務）です。当該業務に関しては、信用格付行為に不当な影響を及ぼさないための措置が法令上要請されています。当大賞に関する著作権その他の権利は、R&I に帰属します。R&I の許諾無く、これらの情報を使用（複製、改変、送信、頒布、切除を含む）することを禁じます。「投資信託 / 総合部門」の各カテゴリーについては、受賞運用会社の該当ファンドの平均的な運用実績を評価したもので、必ずしも受賞運用会社の全ての個別ファンドそれぞれについて運用実績が優れていることを示すものではありません。投信の基準価額等は QUICK 調べ。

詳細については、R&I ホームページでご確認ください。

http://www.r-i.co.jp/jpn/ie/itr/fund_award/

《R&I ファンド大賞 2013 の概要》

選考は、「投資信託」、「確定拠出年金」、「確定給付年金」では 2011、2012、2013 年それぞれの 3 月末時点における 1 年間の運用実績データを用いた定量評価がいずれも上位 75% に入っているファンドに関して、2013 年 3 月末における 3 年間の定量評価によるランキングに基づいて表彰しています。定量評価は、「投資信託」、「確定拠出年金」では“シャープ・レシオ”を採用、表彰対象は設定から 3 年以上かつ償還予定日まで 1 年以上の期間を有し、残高が 10 億円以上かつカテゴリー内で上位 75% 以上の条件を満たすファンドとしています。「確定給付年金」では定量評価に“インフォメーション・レシオ”を採用、定量評価がプラスのファンドを表彰対象としています。なお、「投資信託」、「確定拠出年金」では上位 1 ファンドを「最優秀ファンド賞」、次位 2 ファンド程度を「優秀ファンド賞」として表彰しています。「確定給付年金」では受賞区分を設けていません。「投資信託 / 総合部門」では、2013 年 3 月末において残高 10 億円以上のファンドを 3 本以上設定する運用会社を表彰対象とし、各ファンドの 3 年間における“シャープ・レシオ”の残高加重平均値によるランキングに基づき、上位 1 社を「最優秀賞」、次位 1 社を「優秀賞」として表彰しています。

※シャープ・レシオ

短期確定金利商品に対するファンドの超過収益率を収益率の標準偏差（リスク）で割った値。リスク 1 単位当たりの超過収益率を示します。

※インフォメーション・レシオ

ベンチマークに対するファンドの超過収益率（アクティブリターン）を超過収益率の標準偏差（アクティブリスク）で割った値。ベンチマークと比較して取ったリスク 1 単位当たりの超過収益率を示します。

本書籍は、鎌倉投信およびその取締役資産運用部長である新井和宏による、投資家向けの情報提供を目的としたもので、投資信託の勧誘や販売を目的としたものではありません。

〈資産運用に関する注意事項〉

投資信託のお申し込みに際しては、以下の点をご理解いただき、投資の判断はお客様ご自身の責任においてなさいますようお願いします。

- 投資信託は預金または保険契約ではないため、預金保険および保険契約者保護機構の保護対象にはなりません。また、「結い 2101」は、投資者保護基金の対象でもありません。
- 投資信託は、金融機関の預貯金と異なり、元本および利息の保証はありません。
- 本書に記載の情報は、作成時点のものであり、市場の環境やその他の状況によって変更されることがあります。また、いずれも将来の傾向、数値等を保証もしくは示唆するものではありません。
- 本書に記載の内容は、将来の運用結果等を保証もしくは示唆するものではありません。また、本書は、鎌倉投信が信用に足ると判断した情報・データに基づき著述されていますが、その正確性、完全性を保証するものではありません。
- 本書および本書に記載の資料の使用権は、鎌倉投信に帰属していますので、転用できません。お客様限りでご参考にしてください。
- 「結い 2101」をご購入の際は、投資信託説明書（交付目論見書）、契約締結前交付書面および金融商品の販売等に関する法律に基づく重要事項の説明等の重要事項説明書をあらかじめまたは同時にお渡ししますので、必ずお受け取りの上、内容をよくお読みください。
- 「結い 2101」の投資信託説明書（交付目論見書）については、鎌倉投信までお問い合わせください。

〈苦情処理措置および紛争解決措置について〉

鎌倉投信は加入協会から苦情の解決および紛争の解決のあっせん等の委託を受けた特定非営利活動法人　証券・金融商品あっせん相談センター（連絡先：0120-64-5005）を利用することにより金融商品取引業等業務関連の苦情および紛争の解決を図ります。

鎌倉投信株式会社：金融商品取引業者
登録番号　関東財務局長（金商）第 2293 号
加入協会：一般社団法人 投資信託協会

持続可能な資本主義

発行日　2017年3月25日　第1刷
　　　　2017年4月20日　第2刷

Author　新井和宏

Book Designer　寄藤文平＋窪田実莉（文平銀座）

Publication　株式会社ディスカヴァー・トゥエンティワン
〒102-0093　東京都千代田区平河町2-16-1 平河町森タワー11F
TEL　03-3237-8321（代表）
FAX　03-3237-8323
http://www.d21.co.jp

Publisher　干場弓子（編集協力　斎藤哲也）

Marketing Group
Staff　小田孝文　井筒浩　千葉潤子　飯田智樹　佐藤昌幸　谷口奈緒美　西川なつか　古矢薫　原大士　蛯原昇　安永智洋　鍋田匠伴　榊原僚　佐竹祐哉　廣内悠理　梅本翔太　奥田千晶　田中姫菜　橋本莉奈　川島 理　渡辺基志　庄司知世　谷中卓　小田木もも

Productive Group
Staff　藤田浩芳　千葉正幸　原典宏　林秀樹　三谷祐一　石橋和佳　大山聡子　大竹朝子　堀部直人　林拓馬　塔下太朗　松石悠　木下智尋

E-Business Group
Staff　松原史与志　中澤泰宏　中村郁子　伊東佑真　牧野類

Global & Public Relations Group
Staff　郭迪　田中亜紀　杉田彰子　倉田華　鄧佩妍　李瑋玲　イエン・サムハマ

Operations & Accounting Group
Staff　山中麻吏　吉澤道子　小関勝則　池田望　福永友紀

Assistant Staff
俵敬子　町田加奈子　丸山香織　小林里美　井澤徳子　藤井多穂子　藤井かおり　葛目美枝子　伊藤香　常徳すみ　鈴木洋子　住田智佳子　内山典子　谷岡美代子　石橋佐知子　伊藤由美　押切芽生

Proofreader　株式会社鷗来堂
DTP　朝日メディアインターナショナル株式会社
Printing　大日本印刷株式会社

ISBN978-4-7993-2049-5